LA TORCHE DES TORCHES

Volume 21 - Série 1

IL TE MANQUE UNE CHOSE

Avant-propos

« Il te manque une chose. » Quand on sait que tous les hommes, qu'ils soient riches ou pauvres, grands ou petits, savants ou ignorants, ne connaissent pas tout et n'ont pas tout, l'objection de Jésus à l'homme riche doit s'étendre à tous indistinctement et doit les inviter à réfléchir. Dans cette liste que je viens de dresser, ai-je omis de citer votre nom ? Qu'importe. Je cite le mien maintenant et vous êtes un autre moi-même. Conséquemment, vous êtes concerné. Asseyons-nous un moment et écoutons le maitre avec beaucoup d'attention.

Pasteur Renaut Pierre-Louis

Leçon 1
Nicodème, il te manque une chose

Textes de base : Mt. 7 :29 ; Mc. 6 :3 ; Jn. 1 :12 ; 3 : 1-10 ; 7 :47-53 ; 9 : 4 ; 1Co.2 :14

Texte à lire en classe : Jn.3 : 1-7

Verset de mémoire : Jésus répondit: En vérité, en vérité, je te le dis, si un homme ne naît d'eau et d'Esprit, il ne peut entrer dans le royaume de Dieu. Jn.3 : 5

Méthodes : Discours, comparaisons, questions

But : Montrer que tous les hommes quels qu'ils soient, ont besoin du salut.

Introduction

Comment peut-on convaincre un intellectuel de son ignorance ? Pourtant, Jésus en était parvenu : Il réduisit au silence un homme de Loi. Il s'appelait Nicodème.

I. Qui était-il ? :
1. Il était le doyen du Sanhédrin, tribunal juif composé de 71 membres et il était très respecté de tous au barreau. Jn.7 :47-53
2. Nicodème vint, de nuit, auprès de Jésus et s'introduisit avec révérence. Jn.3 : 2

II. Que lui manquait -il ?
1. Docteur de la Loi, certes, mais il n'avait pas Dieu avec lui. Jn.3 : 2 ; 7 : 50-51
   a. Il l'a avoué à Jésus. Jn.3 : 2
   b. Par sa question : « Un homme peut-il rentrer dans le sein de sa mère et naître », Il a avoué aussi ses lacunes en matière biologique. Jn. 3 : 4, 10

2. Il ignorait les choses de Dieu.
Jn.3 :12 ; 1Co. 2 :14
3. Et puisqu'il n'avait pas le Saint-Esprit, Jésus l'a mis en demeure de se convertir. Jn.3 : 7

III. Que devrait-il savoir ?
1. Qu'opérer des miracles n'est pas un art qui s'apprend à l'école ;
2. Que les bonnes manières ne guérissent pas et n'amènent personne au ciel ;
3. Que Jésus était un Rabbin juif, mais qu'il parlait avec autorité contrairement aux scribes et aux pharisiens dont les verbiages inutiles embrouillent les esprits. Mt.7 :29
4. Que pour **devenir** enfant de Dieu, il faut croire en Jésus-Christ. Jn.1 : 12

Conclusion
Homme instruit et éduqué, il te manque une chose : **c'est le salut.** Il est en Jésus-Christ seul, le détenteur de la Vie Eternelle. N'attendez pas la nuit pour le chercher. Venez maintenant tandis qu'il fait jour. Jn. 9 :4

Questions

1. D'après vous qu'est-ce-qui ne manquait pas à Nicodème ?
   La connaissance, le pouvoir, la politesse

2. Quelle était sa position dans la société juive ?
   Il était le doyen du tribunal juif.

3. Qu'est-ce qu'il lui manquait ?
   La nouvelle naissance

4. Que lui fallait-il pour l'avoir ?
   Il devrait se convertir au Seigneur

5. Que devrait-il savoir de plus ?
   Il devrait savoir
   a. Qu'opérer des miracles ne s'apprend pas à l'école
   b. Que les bonnes manières n'amènent personne au ciel.

6. Vrai ou faux
   a. Un bon avocat peut vous ouvrir la porte du ciel. __ V __ F
   b. Il suffit de ne pas rater un service d'adoration le dimanche pour mériter le ciel. __ V __ F
   c. Le salut est dans la stricte observation du Sabbat. __ V __ F
   d. Le salut est en Jésus seul. __ V __ F

Leçon 2
Homme riche, il te manque une chose

Textes de base : Ps. 41 : 1-4 ; Pr. 19 : 17 ; 28 :27 ; Mt. 6 :17-21 ; Mc.10 :17-22 ; Lu.12 :21
Texte à lire en classe : Mc. 10 : 17-22
Verset de mémoire : Jésus, l'ayant regardé, l'aima, et lui dit : Il te manque une chose ; va, vends tout ce que tu as, donne-le aux pauvres, et tu auras un trésor dans le ciel. Puis viens, et suis-moi. Mc. 10 : 21
Méthodes : Discours, comparaisons, questions
But : Détourner les cœurs des biens de la terre pour les diriger vers Jésus, le seul vrai bien.

Introduction
Un jeune homme riche échoua dans un simple examen de Jésus-Christ. Il retourna chez lui tout triste. S'il était votre ami, qu'est-ce qu'il vous aurait raconté ?

I. Je suis déçu
1. J'étais venu auprès de Jésus pour avoir la vie éternelle, pour **vivre sans jamais mourir,** afin d'avoir le temps de jouir de tous mes biens. Jésus me parle plutôt d'un ciel loin de mes richesses.
2. Pour lui, **réciter** les 10 commandements était inutile.
   a. Connaitre le Décalogue est un, l'observer est autre chose. Mc. 10 : 19-20
   b. Il me demande d'aimer Dieu par-dessus toute chose et les pauvres comme moi-même. Impossible ! Mc.10 :21
   c. Dans son Evangile, il ne s'agit pas de choses à **ne pas faire**, mais de choses à **faire** : Il me demande de m'appauvrir pour enrichir les

pauvres. Alors, j'aurai droit à son ciel. Là, les choses se gâtent. Mc.10 :21

3. **D'après vous que manque-t-il à ce pauvre riche ?**
   a. D'abord, le vrai compte d'Epargne qui n'est qu'à la Banque de Dieu seul. Mt.6 :19-21
   b. Puis, la joie de la vraie richesse. Ps. 41 : 1-4 Cette joie consiste à investir dans les autres pour devenir riche. Pr. 28 :27
   c. Cette richesse est protégée de la faillite et apporte les grâces divines comme intérêt. Pr. 19 :17
   d. Ensuite les frais de voyage pour l'éternité sont déjà payés à la croix du Calvaire. **Ce pauvre riche** en avait seulement pour payer les pompes funèbres. Lu.12 :21

Conclusion
Tout ce qui vous empêche d'obtenir le salut est une richesse passagère. Négligez-les et **obtenez de Jésus-Christ ce qui vous manque** : la vie éternelle.

Questions

1. Comment le jeune homme riche voulut-il définir La Vie Eternelle ?
   Une durée de vie sur terre telle qu'on ne peut pas mourir.

2. Pourquoi était-il scandalisé ?
   a. Parce Jésus lui demandait de vendre ses biens au profit des pauvres.
   b. Parce que dans l'esprit de Jésus, la vie éternelle n'est pas une question de durée mais de relation avec Jésus.

3. Que manquait-il au jeune homme riche ?
   La vie en Jésus-Christ

4. Que nous recommande le Seigneur ?
   D'ignorer les richesses provisoires pour obtenir de Jésus ce qui nous manque.

5. Que nous confère la vie en Jésus ?
   La vie, la joie, la paix, la justice par le St. Esprit.

Leçon 3
Capitaine Corneille, il te manque une chose

Textes de base : Ac. 10 : 1-24, 44-48 ; Ep.2 :8
Texte à lire en classe : Ac. 10 : 1-8
Verset de mémoire : Envoie maintenant des hommes à Joppé, et fais venir Simon, surnommé Pierre Ac. 10 : 5
Méthodes : Discours, comparaisons, questions
But : Montrer comment notre bon cœur est inutile pour obtenir le salut.

Introduction
La plus grande erreur de certains religieux est de croire au salut par les œuvres. Qui peut prouver le contraire à un intellectuel raffiné ?

I. Prenons Corneille pour exemple.

Il était un capitaine romain envoyé par l'Empereur César sur le territoire d'Israël, une colonie romaine en ce temps-là. Il siégeait à Césarée. Ac.10 : 1-2

II. Quelle était sa personnalité ?
  1. Très sociable, il avait des amis et vivait en famille. Ac.10 :24
  2. Très religieux :
     a. Il craignait Dieu, lui et toute sa maison. Il priait beaucoup et faisait beaucoup d'aumônes au peuple. Ac.10 :2
     b. Certains de ses gardes de corps étaient même religieux. Ac.10 : 7

III. Quelle était sa condition spirituelle ?
Il était perdu.
1. Dieu lui fait dire par un ange que ses prières et ses aumônes sont devant lui, mais qu'il ne peut les classer car elles ne sauvent pas.
2. Il lui faut donner son âme à Christ pour les valider.
3. **Corneille doit recevoir l'Evangile pour être sauvé.** Ac.10 : 4-5 ; Ep.2 :8

IV. Les démarches pour l'avoir.
1. Il doit voir non pas un ange, ni le pape, ni un haut gradé dans l'armée, ni l'empereur.
2. Il doit être converti devant un témoin de Jésus-Christ. Ac.1 :8
3. Dieu lui donne pour cela l'adresse de l'apôtre Pierre. Celui-ci séjournait à Joppé, chez un corroyeur nommé Simon. Ac.10 : 5-6.

V. Résultats
Dès l'arrivée de Pierre, Corneille invita ses parents et ses amis dans un service d'Evangélisation à domicile. Sa conversion était publique et tous les assistants ont accepté Jésus-Christ comme Seigneur et Sauveur. Ac.10 :24, 44, 48

Conclusion
La chose qui vous manque c'est la vie éternelle en Jésus-Christ. Elle est gratuite. Imitez Corneille.

Questions

1. Quelle est la plus grande erreur de certain religieux ?
   C'est de croire au salut par les œuvres.

2. Donnez-nous-en un exemple.
   Corneille, un capitaine de l'armée romaine se contentait de ses prières et de ses aumônes.

3. Que pouvons-nous dire de sa personnalité ?
   a. Il était très sociable et vivait en famille.
   b. Il était religieux et craignait Dieu.

4. Quelle était sa condition spirituelle ?
   Il était perdu.

5. Que lui manquait-il pour être sauvé ?
   a. Il devrait accepter Jésus-Christ comme son Seigneur et Sauveur
   b. Il devrait le recevoir non d'un ange mais d'un apôtre.
   c. Il devrait le faire chercher à l'adresse donnée par Dieu lui-même.

Leçon 4
Saul de Tarse, il te manque une chose

Textes de base : 1S.10 :20-21 ; Mt. 11 :29 ; Ac. 9 : 4, 8, 17-18 ; 16 :37-38 ; 21 :39 ; 22 :3 ; Ph.3 :5-6 ;
Texte à lire en classe : Ac. 9 : 1-6
Verset de mémoire : Tremblant et saisi d'effroi, il dit : Seigneur, que veux-tu que je fasse ? Et le Seigneur lui dit : Lève-toi, entre dans la ville, et on te dira ce que tu dois faire. Ac. 9 :6
Méthodes : Discours, comparaisons, questions
But : Montrer l'inanité de la Loi pour le salut.

Introduction
Devons-nous brandir nos diplômes et notre appartenance religieuse pour partir à la conquête du monde ? Ecoutez Paul :

I. **Voici son curriculum vitae. Il était :**
   1. Raciste : « Moi hébreux d'hébreux, circoncis le huitième jour ». Ph.3 : 5
   2. Suprématiste : « Je suis de la race d'Israël, de la tribu de Benjamin ». C'est la tribu de Saul, le premier roi d'Israël dont je porte le nom. 1S. 10 :20-21 ; Ph.3 :5
   3. Citoyen romain, donc de nationalité distinguée et respectable. Ac.16 : 37-38
   4. Régionaliste : « Je suis né à Tarse en Cilicie, citoyen d'une ville qui n'est pas sans importance. » Ac.21 :39
   5. Intellectuel orgueilleux : « J'ai été élevé, dit-il, aux pieds du Docteur Gamaliel ». Ac.22 :3

6. Finalement, bigot : « Quant à la Loi, pharisien ». D'après lui, persécuter les chrétiens, c'était rendre service à Dieu. Ph.3 : 6
   a. Jésus-Christ l'a terrassé. Ac.9 : 4, 8
   b. A sa question : « Seigneur, que veux-tu que je fasse ? » Le Seigneur lui donna ses instructions : Mt.11 :29 ; Ac.9 :6

II. Il te manque une chose, Paul.
   1. La Loi te rend dur, méchant et aveugle. Ac.9 :8
   2. Seul l'Evangile de grâce peut faire tomber de tes yeux les écailles de l'incrédulité et de la bigoterie.
   3. Il te faut un chrétien pour ce travail. A l'œuvre Ananias ! Ac.9 : 17-18

Conclusion
Ananias l'a trouvé à l'adresse indiquée par le Saint-Esprit. Paul reçut les instructions du Seigneur pour ce jour et pour l'avenir. Ananias l'a baptisé. Paul voit clair maintenant. Et toi mon ami, à quelle adresse le Seigneur va-t-il te trouver ?

Questions

1. Dites ce que vous savez de Saul de Tarse
   Il était raciste, suprématiste, citoyen romain, bigot, régionaliste et orgueilleux.

2. Quel était l'état de sa conscience ?
   D'après lui, persécuter les chrétiens c'était un moyen de rendre service à Dieu.

3. Que lui manquait-il ?
   L'Evangile qui sauve

4. Qui le lui avait dit ?
   Jésus lui-même.

5. Comment ?
   a. Il l'a terrassé sur la route de Damas.
   b. Il l'a aveuglé.
   c. Il lui donna le nom et l'adresse du chrétien qui devait lui ouvrir les yeux.
   d. Il lui donna ses instructions pour ce jour et pour l'avenir.

Leçon 5
Roi Osias, il te manque une chose

Textes de base : 2Ch.26 : 1-21
Texte à lire en classe : 2Ch.26 : 16-21
Verset de mémoire : Mais lorsqu'il fut puissant, son coeur s'éleva pour le perdre. Il pécha contre l'Éternel, son Dieu : il entra dans le temple de l'Éternel pour brûler des parfums sur l'autel des parfums.2Ch.26 :16
Méthodes : Discours, comparaisons, questions
But : Montrer comment la richesse et le pouvoir peuvent nous éloigner de Dieu.

Introduction
Atteindre le sommet donne du **prestige**. Mais à vouloir le dépasser, on peut être pris de **vertige**. C'est cette maladie qui frappa le roi Ozias à la fin de son règne.

I. Qui était Ozias ?
1. Il était fils et successeur d'Amatsia, roi de Juda. Il accéda au trône à l'âge de seize ans et régna cinquante-deux ans à Jérusalem. 2Ch.26 : 1-3
2. Il marchait dans la voie de l'Eternel tant qu'il eut Zacharie pour son conseiller spirituel. Ainsi, Dieu le rendit prospère. 2Ch.26 : 4-5

II. Ses réalisations
1. Il subjugua les philistins et bâtit des villes sur leur territoire, notamment à Asdod. 2Ch.26 : 6
2. Il bâtit des tours de défense autour de Jérusalem et même dans le Désert. 2Ch.26 : 9-10
3. Il creusa des citernes pour ses troupeaux et développa l'agriculture dans les vallées, dans la

plaine, dans les montagnes et au Carmel. 2Ch.26 :10
4. Il avait une armée bien organisée et bien équipée. 2Ch.26 : 11-14
5. Finalement, il ordonna à ses ingénieurs de lui construire des catapultes pour lancer de grosses pierres. Avec cette artillerie de guerre, il devint très puissant. 2Ch.26 : 15

III. D'où vient sa chute ?
1. Lorsqu'il devint puissant, son orgueil le poussa à vouloir être roi et sacrificateur à la fois. Il prit l'encensoir pour offrir des parfums sur l'autel. En voilà la cause. 2Ch.26 :16
2. Le sacrificateur Azaria suivi de quatre-vingts confrères, le chassa du temple et le maudit. Ozias fut frappé de lèpre à l'instant. 2Ch.26 :17-20
3. Dès lors, il vit dans l'isolement jusqu'à sa mort. 2Ch.26 : 21

Conclusion
Le roi Osias perdit et le **trône** et le **sacerdoce**. Et à vous que manque-t-il ? Soyez humbles surtout quand vos affaires marchent bien.

Questions

1. Qu'est-ce-qui a rendu prospère le règne du roi Osias? Son obéissance aux conseils de Zacharie, un homme de Dieu

2. D'où lui vient sa chute ?
   De l'ambition qu'il avait d'être à la fois roi et sacrificateur.

3. Qui l'en interdisait ?
   Le souverain sacrificateur Azaria suivi de quatre-vingts sacrificateurs qui le chassèrent du temple

4. Quand ?
   a. Quand il prenait l'encensoir pour offrir des parfums sur l'autel.
   b. Quand le sacrificateur blâmait son acte sacrilège et que la lèpre de l'Eternel éclata sur son front.

5. Qu'est-ce-qui manquait au roi Osias ?
   L'humilité

Leçon 6
Anne, il te manque une chose

Textes de base : 1S. 1 : 1-11 ; 2 : 5, 21 ; 3 : 20 ; 7 : 9-15
Texte à lire en classe : 1S. 1 : 9-18
Verset de mémoire : Elle fit un vœu, en disant : Éternel des armées ! si tu daignes regarder l'affliction de ta servante, si tu te souviens de moi et n'oublies point ta servante, et si tu donnes à ta servante un enfant mâle, je le consacrerai à l'Éternel pour tous les jours de sa vie, et le rasoir ne passera point sur sa tête.1S.1 : 11
Méthodes : Discours, comparaisons, questions
But : Montrer que Dieu réserve l'abondance à ceux qui savent attendre.

Introduction
Si la beauté de quelqu'un peut vous rendre laid, si sa force peut vous rendre faible et si sa fertilité peut vous rendre stérile, alors, vous avez raison de vous plaindre. Parlons à Anne, la femme d'Elkana.

I. **Quelle était sa situation ?**
    1. Elle était la préférée de son mari. 1S.1 :8b
    Dans les temps bibliques, la polygamie était permise. 1S.1 : 4-5
    a. Son mari la choyait tandis que Peninna, sa rivale, la mortifiait parce qu'elle était stérile. 1S.1 : 6
    b. Pendant des années, Anne pleurait, mangeait peu et maigrissait. Elle devint irritée, jalouse et chagrine. 1S.1 : 6-7

II. **Quand cette situation a-t-elle changé ?**
1. Quand elle a compris **qu'il lui manquait une chose :** l'autodétermination. Puisque sa stérilité **vient de Dieu,** sa fécondité **doit venir de Dieu.** Elle doit donc **se plaindre à Dieu seul.** 1S.1 : 10
2. Elle lui fit un vœu. Le voici formulé en quatre conditions :
   a. Que Dieu change son état d'âme.
   b. Qu'il la rende fertile.
   c. Que sa demande préoccupe Dieu.
   d. Qu'il lui accorde un **enfant mâle** Alors, il le consacrera totalement à l'Eternel. 1S.1 : 11

III. **Pourquoi était-elle stérile ?**
C'est parce que le **retard de Dieu lui prépare un futur glorieux :**
1. Samuel, l'enfant promis, devint juge, sacrificateur et **le premier prophète** élu par Dieu pour consacrer **le premier roi d'Israël.**
2. Tout cela vient selon le calendrier de Dieu. 1S.3 :20 ; 7 : 9-10, 15
3. Tandis que les enfants de Peninna deviennent des parias, Anne eut six enfants bénis de L'Eternel. 1S.2 : 5, 21

Conclusion
Ce qui vous manque est entre les mains de Dieu. Contactez-le maintenant.

Questions

1. Quelle était la situation d'Anne
   a. Elle était choyée par son mari mais elle était stérile.
   b. Peninna, sa rivale, était très féconde et la mortifiait.
   c. Elle pleurait, maigrissait.
   d. Elle devint très irritée, jalouse et chagrine.

2. Quand sa situation a-t-elle changée ?
   a. Quand elle a compris qu'il lui manquait l'autodétermination
   b. Qu'elle devrait se plaindre de préférence à Dieu.

3. Que fit-elle ?
   Elle fit un vœu à l'Eternel ; Elle lui demande un enfant mâle qui lui sera consacré.

4. Pourquoi était-elle stérile ?
   a. Parce que le retard de Dieu lui préparait un futur glorieux.
   b. Parce que Dieu fait chaque chose d'après son calendrier.

5. Quels en étaient les résultats ?
   a. L'Eternel lui donna Samuel qui devint juge, sacrificateur et prophète.
   b. Les enfants de sa rivale sont devenus des parias, des vauriens.

Leçon 7
Naaman, il te manque une chose.

Textes de base : 2R. 5 : 1-15
Texte à lire en classe : 2R.5 : 9-14
Verset de mémoire : Il descendit alors et se plongea sept fois dans le Jourdain, selon la parole de l'homme de Dieu ; et sa chair redevint comme la chair d'un jeune enfant, et il fut pur. 2R.5 :14
Méthodes : Discours, comparaisons, questions
But : Démontrer la supériorité du pouvoir spirituel sur le pouvoir temporel.

Introduction
On a toujours besoin d'un plus petit que soi. Cet adage illustre le cas de Naaman. Que lui manquait-il ?

I. D'abord, identifions Naaman
Il était le général de Division dans l'armée syrienne. 2R.5 :1
1. Un militaire réputé pour sa qualité de grand stratège de guerre. 2R.5 :1
2. Partant, il était riche, honoré et estimé de son roi. 2R.5 :1

II. Que lui manquait-il?
1. La santé : Il avait la lèpre, une maladie incurable. 2R.5 :1
2. Il était disposé à payer cher pour sa guérison. 2R.5 :5

III. Devinez qui va le délivrer :
1. Une petite juive en domesticité chez lui. Elle a suggéré à sa maîtresse une visite « médicale »

chez le prophète de Dieu à Samarie. C'était sa dernière chance. 2R. 5 : 3
2. Ceci dit, le haut -gradé s'est pourvu d'un visa de sortie de son roi et alla trouver le prophète Elisée en Samarie. 2R. 5 : 9-10

IV. **Mais Il lui manquait une autre chose**
Il lui manquait l'humilité.
Il ne pouvait admettre la supériorité d'un homme de Dieu sur un homme d'Etat. 2R. 5 : 10-11, 13
1. Il proposa sa propre méthode de guérison et refusa de se plonger dans les eaux sales du Jourdain suivant la prescription du prophète. 2R.5 :12
2. Il avait voulu avoir la fierté de payer pour sa guérison. 2R. 5 : 5, 15

Conclusion
Mon ami, il te manque aussi une chose : Oubliez les eaux pures de votre propre justice et acceptez de vous plonger dans le sang de Jésus-Christ, le seul qui guérit de la lèpre du péché.

Questions

1. Qui était Naaman ?
   General de division dans l'armée syrienne

2. Que lui manquait-il ?
   Rien, sauf la guérison de sa lèpre, une maladie incurable.

3. Qui va lui suggérer le moyen de guérison ?
   Une petite juive en domesticité chez lui.

4. Que lui fallait-il pour l'obtenir ?
   L'humilité.

5. Expliquez :
   a. Il ne pouvait admettre la supériorité d'un homme de Dieu sur un homme politique.
   b. Il voulut proposer sa propre méthode de guérison.
   c. Il voulut payer le prophète pour sa guérison.

6. Que représentent les eaux pures dont il parle ?
   Notre propre justice qui ne peut nous sauver

Leçon 8
Pharisien, il te manque une chose

Textes de base: Lu.18 : 9-14
Texte à lire en classe : Lu. 18 : 9-14
Verset de mémoire : Le pharisien, debout, priait ainsi en lui-même: O Dieu, je te rends grâces de ce que je ne suis pas comme le reste des hommes, qui sont ravisseurs, injustes, adultères, ou même comme ce publicain . Lu. 18 :11
Méthodes : Discours, comparaisons, questions
But : Reconnaitre que Jésus favorise les humbles.

Introduction
A entendre la prière du pharisien, on se croirait au tribunal où le ministère public poursuit un accusé au nom de la société.

I. Ecoutons-le
1. Seigneur, je te félicite de m'avoir fait supérieur à tous les hommes. Lu.18 :11
2. En général, ils sont voleurs, bandits, fornicateurs et adultères. Mieux que tout cela, je ne suis pas comme ce publicain qui ose venir prier ici en même temps que moi. Lu.18 :11
3. Je me félicite pour ma spiritualité et je m'explique :
   a. Je jeûne deux fois par semaine.
   b. Je donne la dime de tous mes revenus. Lu.18 : 12

Ce pharisien récite ce **qu'il a fait pour Dieu**, mais ne peut dire **ce que Dieu a fait en lui.**

Il entre en compétition avec un pauvre pécheur, qui par malheur, vient aussi adorer Dieu dans le temple. Lu.18 :10

II. Que lui manque-t-il ?
1. Il lui manque l'amour du prochain.
   a. Il fait de la théorie.
   b. Sa prière est une abomination.
   c. Son attitude insulte un humble serviteur de Dieu. Heureusement, il l'a exprimé en son cœur. Lu.18 :11
   d. Cependant, le langage que communique ses remous, ses gestes démesurés traduisent son sentiment de haine, d'arrogance et de mépris.
2. Il lui manque l'humilité. Lu.18 :11
   a. Il n'a aucun respect pour Dieu et pour ses semblables.
   b. Il a donc échoué dans l'examen de la conscience. Comme résultat, Jésus a déclaré son échec lamentable. Lu.18 :14

Conclusion
Souvenez-vous que la terre est le marchepied de Dieu. Il vous accepte par grâce en sa présence. De préférence, criez : Gloire à Jésus, gloire à l'Agneau !

Questions

1. Comment le pharisien priait-il ?
   a. Il félicite Dieu pour avoir fait de lui un être supérieur à tous les hommes.
   b. Tous les autres après lui sont des voleurs, des bandits, des fornicateurs et de adultères.
   c. Il jeûne et donne la dime.

2. Comment juger sa prière ?
   a. Il récite ce qu'il a fait pour Dieu et ne peut dire ce que Dieu a fait en lui.
   b. Il fait de la théorie.
   c. Sa prière est une abomination.

3. Que lui manque-t-il ?
   Il lui manque l'amour du prochain et l'humilité.

4. Comment concevoir son état d'âme ?
   a. Il manifeste de la haine et du mépris pour ses semblables.
   b. Il n'a aucun respect pour Dieu et le prochain.

5. Comment Dieu considère-t-il sa prière ?
   Comme une abomination.

Leçon 9
Chrétien, il te manque une chose.

Textes de base : No.11 :1 ; 2 Ch.20 : 6,12 ; Ps. 8 :3 ; 34 : 20 ; 50 :15 ; 123 : 2 ; Mt. 6 :32 ; Lu. 15 :22 ; Jn.11 : 3-4, 40 ; Ep.6 : 15-21 ; Ph.4 :9, 19 ; 2Ti. 4 : 7-8 ; 1Jn.2 :17
Texte à lire en classe : Ph.4 :12-19
Verset de mémoire : Et mon Dieu pourvoira à tous vos besoins selon sa richesse, avec gloire, en Jésus Christ. Ph.4 :19
Méthodes : Discours, comparaisons, questions
But : Admettre l'indispensabilité du ciel dans notre vie quotidienne.

Introduction
Et mon Dieu pourvoira à **tous** vos besoins selon la richesse de sa grâce. N'y a-t-il pas une objection à ce vœu de l'apôtre Paul ? Aucune. Chrétien, croyez-moi, il te manque une chose. Ph.4 :19

I. **Pourquoi ce manque ?**
   1. Parce que tout ici-bas est temporaire. 1Jn.2 :17
   2. Parce que nous aurons toujours des besoins à satisfaire. **Dieu, notre Père, détient dans ses réserves ce qui nous manque.** Mt.6 :32
   3. Parce qu'il nous faut prier Dieu pour tout obtenir. Ses réponses nous portent à témoigner de ses bienfaits et à le glorifier. Ps.50 :15

4. Parce que nos épreuves et même notre mort provoquent son intervention miraculeuse pour qu'il manifeste sa gloire. Ps.34 : 20 ; Jn.11 :3-4, 40

II. Quelle doit être notre attitude devant un manque ? Ph.4 :19

1. Attitude à rejeter : les murmures, les doutes, l'abandon : Ils énervent Dieu. No.11 :1
2. Attitude à observer :
   a. La prière avec une foi unidirectionnelle. Ps. 123 : 2
   b. La louange au Dieu capable et responsable. Ps.8 :3
   c. Se rappeler de la fidélité de Dieu dans l'accomplissement de ses promesses. 2Ch.20 : 6,12

III. Le manque intentionnel

Le Père de l'enfant prodigue s'empresse de l'habiller de la tête aux pieds, mais il ne l'avait pas coiffé. Notre Père céleste nous revêt d'un manteau de grâce et de justice. Il est gratuit. Il nous met des chaussures aux pieds. Lu.15 : 22 ; Ep.6 : 15
Cependant, la couronne sur notre tête est méritoire. Il nous faut travailler pour l'avoir. 2Ti.4 :7-8

Conclusion

Dieu tient la couronne promise aux vainqueurs. Chrétien, luttez pour ce qui vous manque.

Questions

1. Pourquoi disons-nous qu'il manque une chose aux chrétiens ?
   a. Parce que tout ici-bas est sujet à être renouvelé.
   b. Parce que nous aurons toujours des besoins à satisfaire.
   c. Parce qu'il nous faut prier pour tout obtenir.
   d. Parce que nos épreuves justifient l'intervention de Dieu.

2. Quelle doit être notre attitude devant ce qui nous manque ?
   a. Rejeter les murmures, les doutes et le découragement.
   b. Avoir la foi en Dieu seul.
   c. Louer Dieu.
   d. Se rappeler de sa bonté dans le passé et de sa fidélité quant à la réalisation de ses promesses.

3. Dites ce qui manque à l'habillement du fils prodigue et pourquoi ? Le chapeau. Parce que le salut est gratuit, mais la couronne est méritoire.

4. Justifiez l'intervention du ciel dans nos besoins quotidiens.
   a. Notre appétit, notre sommeil, notre guérison viennent d'en-haut.
   b. Notre paix, notre salut, notre protection viennent d'en-haut.
   c. Notre intelligence, notre succès et notre vie viennent d'en-haut

5. Vrai ou faux
   a. Inutile de prier puisque Dieu sait tout _ V _ F
   b. Dieu n'a que faire des hommes ici-bas _ V _ F
   c. Ce sont les paresseux qui prient   _ V _ F
   d. Dieu nous demande de lui dire nos besoins
      _ V _ F

Leçon 10
David ne manquait de rien.

Textes de base : Ps. 23 : 1-6 ; 80 :1 ; Mt. 15 :24 ; 28 : 18-20 ; Mc.16 :17 ; Lu. 10 : 19 ; 22 : 35 ; Jn.10 : 16 ; Ro. 5 :1 ; 2Co.5 :20 ; 1Pi.2 : 9 ; He. 13 :5
Texte à lire en classe : Ps. 23 : 1-6
Verset de mémoire : L'Éternel est mon berger : je ne manquerai de rien. Ps. 23 :1
Méthodes : Discours, comparaisons, questions
But : Exalter le Dieu-Providence dans la vie d'un homme qui croit dépendre de Dieu pour tout.

Introduction
Sous la tutelle de l'Eternel, David disait calmement qu'il ne manquait de rien. Les disciples disaient autant de Jésus. Cette déclaration est-elle choquante et discutable ?

I. **Qui est l'Eternel et qui est Jésus ?**
   1. L'Eternel est le berger d'Israël. Ps. 80 :1
      David le réclame pour son Berger. Ps. 23 :1
   2. Jésus est le berger des brebis perdues de la maison d'Israël. Mt.15 :24
      Il est à la recherche de toutes les brebis perdues. Jn.10 :16

II. **Qui est David et qui sont les disciples ?**
   1. David ne mentionne ni sa richesse, ni sa puissance militaire pour le protéger. Il vous dit :
      « L'Eternel est **mon** Berger : »
      a. Je mange et bois **avec** Dieu. Ps.23 : 2
      b. Je marche **avec** Dieu. Ps.23 : 3-4

    c. Je me réjouis au festin de Dieu **avec** Dieu. Ps.23 :5
    d. Je me coiffe **au salon de Dieu** avec ma coupe débordante de bénédictions entre les mains. Ps.23 :5
    e. J'ai un cortège de bonheur et de grâce **conduit par** Dieu. Ps.23 :6
2. **Les disciples : Avec Jésus, ils ne manquaient de rien.** Lu.22 :35
Ils ont : La vie éternelle, la paix, la joie, la protection, la puissance du Saint-Esprit, l'autorité sur le diable et sur tout le territoire de l'ennemi. Mt.28 : 18-20 ; Mc.16 : 17 ; Lu. 10 : 19

III. Qui sommes-nous ?
1. Des pécheurs perdus sauvés par grâce et justifiés par la foi. Ro. 5 :1
2. Une race élue, un sacerdoce royal, un peuple acquis, une nation sainte, des ambassadeurs pour Christ. 2Co.5 :20 ; 1Pi.2 :9

Conclusion
Contentez-vous de ce que vous avez en Lui. He.13 :5

Questions

1. Pourquoi David disait-il qu'il ne manquait de rien ?
Parce qu'il avait pris l'Eternel pour son berger`.

2. Justifiez
   a. Il mange et boit avec Dieu.
   b. Il marche avec Dieu.
   c. Il se réjouit au festin de Dieu avec Dieu.
   d. Il se coiffe au salon de Dieu.
   e. Il se détend dans le bonheur et la grâce de Dieu.

3. Pourquoi les disciples témoignaient-ils qu'avec Christ, ils ne manquaient de rien ?
   a. Parce qu'avec lui, ils possèdent les biens éternels.
   b. Avec lui, ils ne manquaient de paix, de joie, de protection, de puissance, d'autorité sur le Diable et surtout de la vie éternelle.

4. D'après la leçon qui sommes-nous ?
   a. Des pécheurs perdus sauvés par grâce et justifiés par la foi.
   b. Une race élue, un sacerdoce royal, un peuple acquis, une nation sainte, ambassadeurs de Jésus-Christ

Leçon 11
Du Désert au Calvaire

Textes de base : Mt. 4 :1-10 ; 13 :55 ; Mc. 3 :21 ; Lu.4 : 13 ; Jn. 1 :1 ; 6 :51 ; 18 :36 ; 12 :32 ; Ph.2 : 9
Texte à lire en classe : Mt. 4 : 1-10
Verset de mémoire : Il est aussi écrit : Tu ne tenteras point le Seigneur, ton Dieu. Mt. 4 : 7
Méthodes : Discours, comparaisons, questions
But : Rappeler aux chrétiens d'aller à Dieu pour toutes leurs décisions.

Introduction
Avant de le qualifier de Messie, **le Saint-Esprit** emmena Jésus dans le Désert **pour être tenté** par un **mauvais esprit**. Comment concevoir cet examen ? Mt.4 : 1

I. **Jésus aurait pu choisir de changer des pierres en pain.**
   1. Cette option lui permettrait de nourrir le monde entier. Cependant, tous les boulangers et les maçons le haïraient. Il dirait « Je suis **la pierre de vie** » mais jamais « Je suis le **pain vivant** qui est descendu du ciel. » Jn.6 :51
   2. Cette première pensée est rejetée. Mt.4 :4

II. **Il aurait pu choisir d'exécuter un saut périlleux en plein Jérusalem. Mt. 4 : 5-6**
   1. Il serait applaudi, mais sa renommée serait régionale et provisoire. Il passerait pour un vulgaire magicien. Le Diable « le transporta » mais n'a pu le transformer ni le motiver.

      Mt. 4 :5
- 2. Cette deuxième pensée est encore rejetée.
- 3. Jésus sera plutôt **élevé au Calvaire** pour attirer tous les hommes à lui. Jn.12 :32

III. **Il aurait pu choisir de prouver son titre de créateur du ciel et de la terre. Jn.1 :1**
  1. Cependant, n'est-il pas reconnu comme le fils du charpentier, le frère des enfants de Marie et de Joseph ? Même ses parents le prendraient pour un fou. Mt. 13 :55 ; Mc. 3 :21
  2. Finalement, il a révoqué ces idées diaboliques issues de la richesse et du pouvoir. Il dira : « Mon royaume n'est pas de ce monde. » Jn.18 :36
  3. Jésus n'avait rien à prouver à Satan.

Conclusion

Le Diable reviendra de plusieurs manières, mais à la croix du Calvaire, Jésus sera finaliste et plus tard souverainement élevé. Votez pour Jésus !
Lu.4 :13 ; Ph.2 : 9

Questions

1. Comment le Saint-Esprit a-t-il qualifié Jésus-Christ pour sa mission salvatrice ?
   Il l'a emmené dans le Désert pour être tenté par le Diable.

2. Citez les trois sujets proposés par le Diable.
   a. Changer des pierres en pain.
   b. Exécuter un saut périlleux.
   c. Vendre son âme au Diable pour obtenir la richesse et le pouvoir.

3. Pourquoi Jésus a-t-il résisté au Diable ?
   Parce qu'il n'était pas venu prouver quoi que ce soit à Satan.

4. Voyons ce que Jésus a répondu sur sa feuille d'examen.
   a. Je suis le pain vivant qui est descendu du ciel.
   b. Je serai élevé au Calvaire pour attirer tous les hommes à moi.
   c. Mon royaume n'est pas de ce monde.

5. Choisissez la bonne réponse :
   a. Jésus a été tenté en toutes choses sans commettre de **gros péchés**.
   b. Jésus n'a pas été tenté c'est pourquoi il n'avait pas péché.
   c. Jésus n'a jamais péché.

Leçon 12
Du Calvaire à la gloire

Textes de base : Es.53 : 1-7 ; Jn. 7 :46 ; 12 :28-31 ; 16 :33 ; Ro.14 :9 ; He.2 : 2, 14
Texte à lire en classe : He. 12 : 1-4
Verset de mémoire : ayant les regards sur Jésus, le chef et le consommateur de la foi, qui, en vue de la joie qui lui était réservée, a souffert la croix, méprisé l'ignominie, et s'est assis à la droite du trône de Dieu. He. 12 :2
Méthodes : Discours, comparaisons, questions
But : Nous associer à Christ dans sa victoire pour nous sur le Calvaire.

Introduction
Une cérémonie de graduation pas comme les autres. Jésus reçoit son trophée de gloire sur le Diable, le monde et la mort. Jn.16 : 33 ; Ro.14 :9 ; He.2 :14

I. **Sa victoire était exceptionnelle**
Il se l'était assuré avec la confirmation de son Père.
« Je l'ai glorifié et je glorifierai encore. »
Jn.12 :28
1. *Je l'ai glorifié par des œuvres exceptionnelles :*
   a. La guérison d'un aveugle-né. Jn.9 :17
   b. La guérison de maladies incurables. Lu.17 :12-14
   c. La résurrection des morts : Lazare, le fils de la veuve de Naïn. Jn.11 :43-44
   d. La multiplication des pains. Jn. 6 : 11-12
   e. La tempête calmée. Mt. 8 :23-27

    f. La victoire sur les démons et les esprits impurs. Mt. 12 :43
    g. Un enseignement exceptionnel. Jn.7 : 46
2. *Je le glorifierai encore* :
Dès lors, Jésus anticipe sa victoire au point de dire « le prince de ce monde sera jeté dehors. » Jn.12 : 31
Voilà **l'anesthésie** qui lui a permis de verser tout son sang sans se plaindre !
    a. Il a souffert toutes les humiliations publiques,
    b. L'avilissement, la couronne d'épines sur la tête, les gifles et le fouet en public, le vote en faveur d'un bandit contre lui, un innocent et un bienfaiteur. Mt. 27: 21-31
    c. La crucifixion entre deux voleurs pour ne citer que cela. Mt. 27 : 38
    d. IL N'A POINT OUVERT LA BOUCHE ! C'était en vue de la gloire qui lui était réservée. Es. 53 :7 ; He.12 :2

Conclusion
Et maintenant qu'il a vaincu pour nous, que par sa résurrection, il a prouvé sa divinité, il est autorisé à nous dire : « Vous aurez des tribulations dans le monde ; tenez ferme, je vous attends à la ligne terminale. » Jn.16 :33
Approprions-nous donc de sa victoire !

Questions

1. Quel était l'examen final subi par Jésus ?
   La crucifixion au Calvaire

2. Que sous-entend le Père quand il dit : « Je l'ai glorifié » ?
   Jésus a réussi à prouver sa divinité pendant sa vie terrestre.

3. Que sous-entend le Père quand il dit : « Je le glorifierai encore » ?
   Il va être finaliste dans le dernier match contre Satan.

4. Commentez cette victoire
   a. Il reste muet devant toutes les humiliations publiques qu'il devait endurer.
   b. Son Père lui a déjà annoncé sa victoire.

5. Que nous vaut sa victoire ?
   La nôtre est assurée d'avance.

Récapitulation des versets

1. Jésus répondit : En vérité, en vérité, je te le dis, si un homme ne naît d'eau et d'Esprit, il ne peut entrer dans le royaume de Dieu. : Jn. 3 :5

2. Jésus, l'ayant regardé, l'aima, et lui dit: Il te manque une chose; va, vends tout ce que tu as, donne-le aux pauvres, et tu auras un trésor dans le ciel. Puis viens, et suis-moi. Mc. 10 : 21

3. Envoie maintenant des hommes à Joppé, et fais venir Simon, surnommé Pierre
Ac. 10 : 5

4. Tremblant et saisi d'effroi, il dit : Seigneur, que veux-tu que je fasse ? Et le Seigneur lui dit : Lève-toi, entre dans la ville, et on te dira ce que tu dois faire. Ac. 9 :6

5. Mais lorsqu'il fut puissant, son cœur s'éleva pour le perdre. Il pécha contre l'Éternel, son Dieu : il entra dans le temple de l'Éternel pour brûler des parfums sur l'autel des parfums.

6. Elle fit un vœu, en disant : Éternel des armées! si tu daignes regarder l'affliction de ta servante, si tu te souviens de moi et n'oublies point ta servante, et si tu donnes à ta servante un enfant mâle, je le consacrerai à l'Éternel pour tous les jours de sa vie, et le rasoir ne passera point sur sa tête. 1S. 1 :11

7. Il descendit alors et se plongea sept fois dans le Jourdain, selon la parole de l'homme de Dieu ; et sa chair redevint comme la chair d'un jeune enfant, et il fut pur. 2R.5 : 14

8. Le pharisien, debout, priait ainsi en lui-même : O Dieu, je te rends grâces de ce que je ne suis pas comme le reste des hommes, qui sont ravisseurs, injustes, adultères, ou même comme ce publicain. Lu. 18 : 11

9. Et mon Dieu pourvoira à tous vos besoins selon sa richesse, avec gloire, en Jésus Christ. Ph.4 :19

10. L'Éternel est mon berger : je ne manquerai de rien. Ps. 23 :1

11. Il est aussi écrit : Tu ne tenteras point le Seigneur, ton Dieu. Mt. 4 :7

12. ayant les regards sur Jésus, le chef et le consommateur de la foi, qui, en vue de la joie qui lui était réservée, a souffert la croix, méprisé l'ignominie, et s'est assis à la droite du trône de Dieu. He. 12 : 2

LA TORCHE DES TORCHES

Volume 21 - Série 2

AIMEZ VOS ENNEMIS

Avant-propos

« Aimez vos ennemis ! »
A qui Jésus-Christ s'adressait-il ? Une telle déclaration engage-t-elle les Juifs, les Haïtiens, les Américains ou tout le monde en général ? Est-il vraiment possible d'aimer ses ennemis ?

Ces trois points d'interrogation n'auraient jamais eu une réponse adéquate si le maitre n'en avait pas vu la possibilité et n'en eut fourni les voies et moyens.

Ces ennemis, sur toute la ligne, sont des personnes réelles en opposition à notre personne, à nos principes et à nos tendances.

Comment parvenir à les aimer ? Jésus nous en donne la possibilité.

Néanmoins, nous avons des ennemis à détester. Ils sont littéralement les adversaires de nos âmes. Ecoutons le Seigneur Jésus du commencement jusqu'à la fin de cette série.

Bonjour lecteur, bonjour étudiant !

Pasteur Renaut Pierre-Louis

Leçon 1
Notre ennemi numéro un : le diable

Textes de base : Ge.1 : 2, 26-28 ; 3 :16-19 ; Ps.91 :1 ; Mt. 7 :13 ; 26 :41 ; Jn. 3 :16 ; Ep.6 :11-12 ; 1Jn.2 : 17 ; Ap.12 :10 ; 19 :20
Texte à lire en classe : Ep.6 : 11-17
Verset de mémoire : Revêtez-vous de toutes les armes de Dieu, afin de pouvoir tenir ferme contre les ruses du diable. Ep. 6 :11
Méthodes : Discours, comparaisons, questions
But : Nous mettre en garde contre les ruses du Diable

Introduction
Depuis le Jardin d'Eden, Satan attaque l'homme et cherche à déloger Dieu en lui. Pourquoi ?

I. Il en est jaloux.
1. Dieu a précipité dans l'abime Lucifer et tous les anges rebelles. Ez. 28 : 15-16
2. En ce temps-là, la terre était impraticable suivant le compte-rendu du St Esprit. Ge.1 : 2
3. Le Dieu Trinitaire a décidé de la rendre habitable et de créer l'homme comme son partenaire pour la gérer. Ge.1 :26
4. Satan restera dans l'abîme avec toute sa bande. Dès lors, il devient jaloux de l'homme et tient à le persécuter.

II. Il nous hait
Ainsi, il refuse d'obéir à l'autorité du premier locataire de la planète. Ge.1 :28

III. **La vengeance contre Dieu.**
Le Diable utilise les mauvais esprits pour nous persécuter, pour nous induire dans le mal et nous accuser ensuite devant Dieu.
Ep.6 : 11-12 ; Ap.12 :10

IV. **Pouvons-nous aimer Satan ?**
1. Jamais. Mais ses persécutions nous obligent à rechercher la protection de Dieu. Ps.91 :1
2. Jésus nous invite à veiller et à prier afin de ne pas tomber dans la tentation, dans la ruine et la perdition. Mt. 7 :13 ; 26 : 41
3. Adam et Eve s'étaient laissé séduire par Satan et nous en subissons les conséquences. Ge.3 : 16-19
   a. Dans son amour, Dieu nous a sauvés et nous a donnés plutôt un paradis au ciel. 1Jn.2 :17 Ap.19 :20
   b. Satan sera toujours le grand perdant. C'est dans leur fuite du malin que plusieurs ont préféré choisir Jésus-Christ comme leur Seigneur et sauveur pour hériter la vie éternelle. Jn.3 :16

Conclusion
Haïssons le mal et aimons Dieu.

Questions

1. Pourquoi Satan cherche-t-il à nous persécuter ?
   Parce qu'il est jaloux de nos privilèges auprès de Dieu.

2. Comment se comporte-t-il à l'égard de l'homme ?
   Il refuse de lui obéir.

3. Comment se venge-t-il de Dieu ?
   Il séduit l'homme.

4. Quel service Satan nous rend-il ?
   a. Ses persécutions nous poussent à rechercher la protection de Dieu.
   b. Elles nous poussent à choisir Jésus-Christ comme notre Seigneur et Sauveur.

5. Pouvons-nous aimer Satan ?
   Non.

6. Que pouvons-nous dire en conclusion ?
   Nous devons aimer Dieu et haïr le mal.

Leçon 2
Deuxième ennemi : nous-mêmes

Textes de base : Ro. 3 :10-11 ; 6 :23 ; 7 :15-23 ; 8 :1 ; Ep.2 :8-10 ; Gal.2 :20 ; Col.2 :14 ; 1Jn.1 :7 ; 2 :1
Texte à lire en classe : Col. 2 : 10-17
Verset de mémoire : Il a effacé l'acte dont les ordonnances nous condamnaient et qui subsistait contre nous, et il l'a détruit en le clouant à la croix Col. 2 :14
Méthodes : Discours, comparaisons, questions
But : Dominer en nous les tendances qui font la guerre à notre âme.

Introduction
En vérité, je me mets à réfléchir : Comment puis-je être un ennemi de moi-même ? Puis-je travailler à ma propre destruction ? L'apôtre Paul le confirme. Vérifions :

I. **L'ennemi loge en moi. Il s'appelle péché.**
   Ro. 7 : 17
   1. Il me conduit à faire le mal que je hais. Ro. 7 : 15, 19
   2. Il lutte contre mon entendement et me séduit malgré mes efforts. Ro. 7 : 23
   3. Je perds le contrôle de moi-même. « Ce qui est bon n'habite pas en moi ». Ro.7 :18
   4. A la fin, je meurs car le salaire du péché, c'est la mort. Ro. 6 :23

II. **Mes vains efforts pour chasser le péché**
1. Je pratique les bonnes œuvres. J'apprendrai que mon salut n'est pas méritoire. Les bonnes œuvres ne sauvent pas. Ep.2 :8-10
2. J'ai failli dans mes efforts pour observer les dix commandements. Cependant, il n'y a point de juste, dit la Bible. Ro.3 : 10-11
3. A la fin j'ai crié : « Qui me délivrera de ce corps de mort ? » Ro.7 :23

III. **Jésus vient à mon secours.**
1. Il a cloué **mon péché en Adam** sur la croix. Col.2 : 14
2. Il a effacé **mes péchés personnels** par la vertu de son sang. 1Jn.1 :7
3. Maintenant, il n'y a pour moi aucune condamnation. Ro.8 :1
4. Si je pèche, Christ est mon avocat pour me délivrer. 1Jn.2 :1

Conclusion

Votre **moi** peut vous condamner. Soumettez votre **moi** à Jésus. Vous direz bientôt avec Paul : « Et maintenant, ce n'est plus **moi** qui vis, mais c'est Christ qui vit en **moi**. Gal.2 :20

Questions

1. Comment puis-je travailler à ma propre destruction ? En permettant au péché de loger en moi.

2. Que m'arrive-t-il ?
   Il contrôle ma vie et me conduit à la mort.

3. Quels sont mes efforts pour en sortir ?
   a. Je pratique les bonnes œuvres.
   b. Je tiens à observer les dix commandements.

4. Quel en est le résultat ? Efforts vains

5. Qui a pu m'en délivrer ? Jésus-Christ

6. Comment ?
   a. Il a payé le prix de mon péché par sa mort sur la croix.
   b. Il m'a lavé avec son sang.

Leçon 3
Troisième ennemi : l'amour-propre

Textes de base : Jg. 20 : 21,25,35, 46 ; Ps. 138 :6 ; Pr. 16 :18 ; Ecc.2 :10-11 ; Mt. 6 :1 ; Lu.18 : 13-14 ; 1Co.13 : 5 ; 2Ti. 4 : 3-4 ; Ja. 2 : 1-4 ; 4 : 10
Texte à lire en classe : Ja. 4 :5-10
Verset de mémoire : L'Éternel est élevé : il voit les humbles, Et il reconnaît de loin les orgueilleux. Ps. 138 :6
Méthodes : Discours, comparaisons, questions
But : Avertir les chrétiens de se garder de l'orgueil.

Introduction
A mon avis, l'amour-propre n'est pas propre. Il est vilain. Ouvrez la bible avec moi et vous verrez :

I. **L'amour-propre c'est l'orgueil**
 1. L'orgueilleux n'aime que son intérêt en vous. Son amour disparait quand son intérêt n'est plus. 1Co.13 :5
    a. Il veut être servi le premier et revendiquer toujours la première place. Ja.2 :1-4
    b. Il veut être le premier à porter ce complet, à rouler ce modèle de voiture, peu en importe le prix, car il s'en servira pour faire parler de lui. Eccl.2 :10-11
    Il tient à avoir le dernier mot dans les discours comme s'il détenait toutes les vraies réponses.

2. Il agit mal et croit avoir toujours raison. Il aura toujours des arguments pour se justifier. C'est pourquoi il cherche à vous dénigrer et à vous torturer en parole ou en acte. Mt.6 :1
3. Il ne fera jamais d'excuse et n'excuse personne. Citons pour l'histoire, la tribu de Benjamin. Motivée par l'orgueil, elle refusa de dénoncer le coupable d'une infamie causée dans ses rangs. Cette attitude entraina une guerre qui couta la vie à vingt-cinq mille hommes de Benjamin et quarante mille trente hommes d'Israël. Jg.20 : 21,25,35, 46
4. L'orgueilleux croit qu'il est le seul autorisé à offenser les autres et que personne n'a le droit de l'offenser.

II. C'est une maladie de l'âme.
L'orgueilleux s'intéresse à la religion et aux programmes, mais pas à Dieu proprement dit. 2Ti.4 : 3-4

III. Dieu et l'orgueilleux.
1. Il le voit de loin. Ps.138 : 6
2. Il n'écoute pas ses prières. Lu.18 : 13-14

Conclusion
L'orgueil va au-devant de l'écrasement. Humiliez-vous devant le Seigneur et certainement, il vous élèvera. Pr.16 :18 ; Ja. 4 :10

Questions

1. Définissez l'amour-propre.
   C'est l'orgueil

2. Quelles sont ses caractéristiques ?
   Il n'aime que lui-même et vous utilise à ses fins.

3. Donnez en des exemples
   a. Il veut toujours revendiquer la première place.
   b. Il veut être le premier en tout.
   c. Même s'il a tort, il veut toujours avoir raison.
   d. Il ne fera jamais d'excuse et n'excuse lui-même personne

4. Au point de vue spirituel, comment le définir ?
   a. C'est une maladie de l'âme.
   b. Il a de la place en lui pour la religion et les programmes mais peu ou pas de place pour Dieu dans sa vie.

5. Comment Dieu voit-il l'orgueilleux ?
   a. Il le voit de loin.
   b. Il ferme l'oreille à ses prières.

6. Quelle sera la fin de l'orgueilleux ?
   Il va au-devant de l'écrasement.

Leçon 4
Quatrième ennemi : notre ignorance

Textes de base : Lev. : 5 :15 ; Ps. 1 : 1-3 ; Ecc.5 :6 ; Ose.4 : 4-10 ; Mt. 11 :28-29 ; 1Co.6 :19-20 ; Ep.2 :22 ; 4 :27
Texte à lire en classe : Os. 4 : 4-10
Verset de mémoire : Mon peuple est détruit, parce qu'il lui manque la connaissance. Puisque tu as rejeté la connaissance, Je te rejetterai, et tu seras dépouillé de mon sacerdoce ; Puisque tu as oublié la loi de ton Dieu, J'oublierai aussi tes enfants. Os.4 : 6a
Méthodes : Discours, comparaisons, questions
But : Encourager tout le monde à rechercher l'éducation et surtout la connaissance de la Parole.

Introduction
Si vous voulez détruire une personne, un peuple, une nation, tachez de les garder dans l'ignorance.

I. **Qu'est-ce-que l'ignorance ?**
L'ignorance, nous dit Larousse, c'est un défaut général de connaissance. Elle peut être un manque d'expérience dans un domaine déterminé. Ainsi, elle n'est pas absolue.

II. **Les conséquences de l'ignorance :**
1. On peut détruire ce qu'il faudrait protéger.
    a. Le corps, par exemple, qui est le temple du St Esprit. 1Co.6 :19-20.
    b. L'âme, l'habitation de Dieu en Esprit. Ep.2 :22
    c. Nous pouvons y donner accès au Diable. Ep.4 : 27

2. On peut se condamner sans le savoir et sans le vouloir. Lev.5 :15
3. On peut avoir une conception erronée d'une chose et se couvrir de ridicule quand on veut prendre la parole en public. Ecc.5 :6
4. On peut perdre l'estime de ceux qui vous croyaient plus formé. Ecc.5 :6
5. On peut se détruire involontairement.
6. Par la bouche du prophète Osée, l'Eternel déclare à Israël : « Mon peuple est détruit faute de connaissance. » Ose.4 :6
   a. Il reproche ainsi sa négligence à lire la parole, à la méditer jour et nuit et à la mettre en pratique. Ose. 4 :6 ; Ps.1 : 2-3
   b. Par conséquent, Dieu le rejette et lui enlève son onction sacerdotale. Os.4 : 6
   c. Il le livre à lui-même et à ses abominations. Os. 4 :10

Accentuez la connaissance ; aimez-vous sans orgueil. Mais si vous croyez que l'éducation est trop chère, alors essayez l'ignorance.

Conclusion

Venez à moi, dit Jésus. Recevez mes instructions pour garantir votre salut. Au dernier jour, il n'y aura pas d'excuses. Mt.11 :28-29

Questions

1. Que faire pour détruire quelqu'un sans le toucher ?
   Garde-le dans l'ignorance.

2. Définissez l'ignorance.
   C'est un défaut général de connaissance.

3. Citez les conséquences de l'ignorance
   a. On peut détruire ce qu'il faudrait conserver.
   b. On peut se condamner sans le savoir et sans le vouloir.
   c. On peut perdre l'estime d'autrui.
   d. On peut se détruire involontairement.

4. Quel conseil peut-on donner à l'ignorant ? De rechercher la connaissance à tout prix.

5. Pourquoi ?
   Parce que l'ignorance coute plus cher que l'éducation.

Leçon 5
Cinquième ennemi : Nos contradicteurs

Textes de base : Ne. 1 :11 ; 2 : 5-10 ; 4 : 3-9 ; 5 : 19 ; 6 :1-9, 15 ; 13 :7-14, 22, 31 ; 1Th.5 :17
Texte à lire en classe : Ne. 2 : 17-20
Verset de mémoire : Et je leur fis cette réponse : Le Dieu des cieux nous donnera le succès. Nous, ses serviteurs, nous nous lèverons et nous bâtirons ; mais vous, vous n'avez ni part, ni droit, ni souvenir dans Jérusalem. Ne. 2 : 20
Méthodes : Discours, comparaisons, questions
But : Montrer l'attitude à observer en face des contradicteurs.

Introduction
Comment aimer ses contradicteurs ? Voilà le boulot de Néhémie.

I. Voyons d'abord sa bonne fortune
1. Echanson du roi Artaxerxés, il pouvait aisément bénéficier d'un visa multiple en vue de rentrer à Jérusalem pour en rebâtir les murailles. Ne.1 :11
2. Le roi pourvut à toutes ses dépenses. Ne.2 : 7-8.

II. Voyons ensuite sa mauvaise fortune.
Il se heurta à l'opposition des oligarques de Jérusalem.

1. Sanballah le Horonite, un samaritain influent.
   a. Il fut un ancien gouverneur de la Samarie peu avant 407 BC.
   b. Son fils épousa une fille du souverain sacrificateur Eliaschib. Ainsi était-il au courant de tous les plans de Néhémie.
   c. Il complotait avec Tobija pour assassiner Néhémie. Ne.6 :1-4
2. Tobija le serviteur ammonite.
   a. Il était parent du sacrificateur Eliaschib qui le logera plus tard dans une chambre importante dans les parvis de la maison de l'Eternel. Ne. 13 : 7-9
   b. Il ridiculisait les Juifs occupés à la restauration des remparts de Jérusalem. Ne. 2 :10 ; 4 :3,7
3. Guerschem, l'Arabe. Il était un adversaire juré des juifs après leur retour de la captivité.
4. Tous taxaient le projet de Néhémie de tentative de révolte contre le roi. Ne.2 : 19

III. **Et maintenant sa victoire**
1. Sa vie était sans cesse menacée.
   a. Les persécutions étaient pour lui un prétexte pour prier sans cesse. Ne.4 :9 ; 5 :19 ; 6 :9 ; 13 :14, 22, 31
   b. Comme résultat, la muraille fut achevée en cinquante-deux jours. Ne.6 :15

Conclusion
Grace à ces persécutions, Néhémie devint plus fort dans la foi et il l'emporta sur eux. Aimez vos ennemis ! Mt. 5 :44

Questions

1. Quel était le projet de Néhémie ?
   Rebâtir les murailles de Jérusalem.

2. Qui l'a financé ?
   Le roi Artaxerxés

3. Qui s'y opposait ?
   Les oligarques de Jérusalem

4. Citez-les : Tobija, Samballah, Guerchem

5. Qu'est-ce-qui rendit la tache de Néhémie plus compliquée ?
   a. Le fils de Samballah épousa la fille du sacrificateur Eliaschib
   b. Tobija était un parent de ce même sacrificateur, le bras droit de Néhémie.

6. Comment Néhémie avait-il pu les vaincre ?
   Par la prière incessante

Leçon 6
Sixième ennemi : Nos traditions

Textes de base : De. 22 :5 ; Mc.7 :2-23 ; Jn.8 : 36 ; 1Co.8 : 10-11 ;
Texte à lire en classe : Mc. 7 : 1-13
Verset de mémoire : Vous abandonnez le commandement de Dieu, et vous observez la tradition des hommes. Mc. 7 :8
Méthodes : Discours, comparaisons, questions
But : Mettre en lumière les vraies causes de nos malheurs de peuple.

Introduction
Les traditions, vous le savez, sont un fait social. Comment seront-elles vues ?

I. Voyons-les vis-à-vis d'autres cultures
L'influence de la tradition pourrait diminuer chez nous à la faveur des voyages et le frottement avec d'autres cultures.
1. Traditionnellement, on s'habille suivant la mode dans son pays. Mais à l'étranger, on se conforme à l'usage. On s'habille suivant le climat. Les pays glacial ou tropical vous obligent à observer une tenue appropriée.
2. Traditionnellement, vous consommez les produits bruts dans toute leur fraicheur. Mais dans les pays industrialisés, vous consommez surtout les produits manufacturés.
3. Ne forçons pas la note :
Le chrétien portera des habits suivant son sexe. De. 22 :5

Il s'abstiendra aussi de manger des viandes sacrifiées aux idoles. 1Co.8 :10-11

II. **Et maintenant voyons les travers de culture.**
   1. Dans certains pays, on craint les hiboux, les chouettes-effraie.
   2. Si on frappe son pied gauche, c'est un signe de contrariété.
   3. On cesse de pleurer à la sortie du cimetière. On craint la poursuite du défunt.
   4. Pour le juif, c'est un péché de manger sans se laver les mains. Mt.15 :20
   5. Jésus vient nous libérer de ces travers de culture. Si le Fils vous affranchit, vous serez **réellement** libre. Jn.8 :36
      a. Ne pas se laver les mains avant de manger est une infraction aux règles d'hygiène qui ne met pas son âme en danger. Mc. 7 :20-23
      b. Cesser de pleurer en laissant le cimetière signifie que la vie continue et qu'il faut penser à l'avenir et éviter de perpétuer un deuil.

Conclusion
Respectez les traditions dans les autres cultures et servez Dieu suivant la dictée du Saint Esprit et celle de votre conscience.

Questions

1. Comment définir la tradition ?
   C'est un fait social

2. Donnez deux exemples
   a. On s'habille suivant la mode dans son pays.
   b. Pour le juif, manger sans se laver les mains est un péché.

3. Donnez deux exemples de travers de culture.
   a. Dans certains pays, on craint les hiboux.
   b. Heurter son pied gauche est un mauvais signe.

4. Que propose Jésus pour nous libérer de ces obstacles ?
   Si le fils vous affranchit, vous serez réellement libre.

5. Que veut-il expliquer aux juifs ?
   Ne pas se laver les mains avant de manger est une infraction aux règles d'hygiène qui ne met pas son âme en danger.

6. Que veut-il expliquer aux païens ?
   Cesser de pleurer en laissant le cimetière signifie que la vie continue et qu'il faut penser à l'avenir au lieu de perpétuer un deuil.

Leçon 7
Septième ennemi : Nos adversaires

Textes de base : 1S. 17 :38-48 ; Ps. 34 :8 ; Ro.8 :39 ; 2Co.10 :4 ; 1Ti.5 :14 ; 2Ti.1 :12 ; 2 : 22-26
Texte à lire en classe : 2Ti. 2 : 22-26
Verset de mémoire : Car les armes avec lesquelles nous combattons ne sont pas charnelles ; mais elles sont puissantes, par la vertu de Dieu, pour renverser des forteresses.2Co. 10 :4
Méthodes : Discours, comparaisons, questions
But : Apprendre aux chrétiens à exercer la maitrise devant une opinion contraire.

Introduction
Tous les véhicules qu'ils soient à traction ou à propulsion, sont munis d'une pédale d'accélération, d'un frein et d'un levier de vitesse. Allez-vous toujours accélérer ? Jamais. Et pourquoi pas ?

I. **Vous devez ralentir ou freiner suivant les incidents de parcours.** Vous le faites parfois malgré vous. Ainsi en est-il dans la vie :
   1. Quelqu'un vous stoppe quand vous voulez avancer : Vous l'appelez « adversaire ».
   2. Il s'oppose à vos idées, vous l'appelez « adversaire »
   3. Il vous critique ou vous avilit, vous l'appelez adversaire.

II. **Comment affronter l'adversaire ?**
   1. D'abord, vous devez tenir votre base, votre conviction :
      a. Paul dit : « Je sais en qui j'ai cru » 2Ti.1 :12
      b. Rien ne pourra me séparer de l'amour de Dieu manifesté en Jésus-Christ. Ro. 8 : 39
   2. Vous devez utiliser vos propres armes.
      a. David refusa celles du roi pour utiliser les siennes. 1S. 17 : 38-40
      b. Ces armes doivent avoir l'empreinte du Saint-Esprit. 2Co.10 :4
   3. Etant sûr de la volonté de Dieu, il courut à la rencontre de l'ennemi et l'abattit. 1S.17 : 48

III. **Les bienfaits d'avoir un adversaire**
   1. Il vous permet de vérifier la présence de Dieu et de son influence dans votre vie. Ps.34 :8
   2. Il vous donne l'opportunité d'affirmer votre foi et de glorifier Dieu par une éclatante victoire.
      1S.17 : 47
   3. Il vous encourage à veiller sur votre conduite pour fermer la bouche aux adversaires. 1Ti.5 :14
      En ce cas, l'adversaire vous rend un grand service, car vous allez éviter la négligence.

Conclusion

Il faut un adversaire pour que le match soit possible. Mettez-vous debout !

Questions

1. Citez trois genres de personne que vous prenez pour adversaire
   a. Quelqu'un qui vous stoppe quand vous avez voulu avancer.
   b. Quelqu'un qui s'oppose à vos idées.
   c. Quelqu'un qui vous critique ou vous avilit.

2. Comment doit-on affronter l'adversaire ?
   a. D'abord, vous maintenez votre conviction.
   b. Ensuite, vous devez utiliser vos propres armes.
   c. Enfin, vous foncez sur l'ennemi quand vous êtes sûr que Dieu est avec vous.

3. Pourquoi vous faut-il au moins un adversaire ?
   Pour rendre le match de la vie plus intéressant.

4. Qui va gagner en final ? Jésus-Christ en vous

5. Vrai ou faux

   a. Je me défendrai d'abord de mon adversaire et appellerai Jésus ensuite si c'est nécessaire.
      __ V __ F
   b. J'accepte l'adversité et je remets l'adversaire à Jésus. __V __ F
   c. Dans l'adversité, il faut beaucoup prier.
      __ V __F
   d. Dieu est fidèle, il vous donnera la victoire.
      __V __ F

Leçon 8
Huitième ennemi : La peur

Textes de base : Jos. 1 :8 ; 2S. 22 :4 ; Ps.16 :8 ; 23 : 3 ; 121 :6 ; Es.41 :10 ; Jn.16 : 33 ; 1Co.6 : 19-20 ; 2Co. 1 :22 ; Ga.6 :7 ; Ep.6 :14
Texte à lire en classe : Es. 41 : 8-16
Verset de mémoire : Ne crains rien, car je suis avec toi; Ne promène pas des regards inquiets, car je suis ton Dieu; Je te fortifie, je viens à ton secours, Je te soutiens de ma droite triomphante. Es. 41 :10
Méthodes : Discours, comparaisons, questions
But : Remonter le courage moral des chrétiens faibles

Introduction
Tout homme, à un moment de sa vie, connait la peur. Il se sent désarmé et vaincu à l'avance.

I. **Comment se manifeste-t-elle ?**
   Par la panique et la perte de contrôle de ses membres devant une situation bizarre.
   1. On tremble. Une sueur froide glace le front. La gorge se serre. Les yeux quittent leur orbite.
   2. Les pieds chancellent. On sent le besoin d'uriner. Es. 37 :1-4

II. **Comment réagir de facon positive ?**
   1. Savoir que Dieu est en contrôle. Ps.16 : 8
   2. Savoir qu'Il est toujours présent. Es. 41:10
   Savoir que vous êtes sa propriété, ayant son sceau sur vous. 1Co.6 :19-20 ; 2Co.1 :22
   3. Vous devez avoir la foi qu'Il vous gardera de tout mal à cause de sa réputation. Ps.121 : 6

III. **Conditions de la victoire sur la peur**
 1. Il faut toujours dire la vérité. Ep.6 : 14
 2. Il faut comme David, célébrer ses victoires avant le combat. 2S. 22 :4
    a. Nous n'avons pas à lutter pour vaincre mais à louer Christ qui a déjà vaincu pour nous. Jn.16 :33
    b. Il nous conduit dans le sentier de la justice à cause de sa réputation. Ps.23 : 3

IV. **Résultats :**
 1. Vous réussirez partout. Et vous ne perdrez jamais les opportunités. Jos.1 : 8
 2. Votre foi en Dieu sera augmentée.
 3. Votre témoignage raffermira les autres.
 4. L'Eternel sera seul éternel en ce jour-là. Zach 14 :9

Conclusion
Méditez la Parole de Dieu, restez sur vos genoux, recherchez la compagnie des saints et témoignez publiquement des bienfaits de Dieu. Et la peur est vaincue ! Ep.5 : 19-21

Questions

1. Comment se manifeste la peur ? Par la panique et la perte de contrôle de ses membres.

2. Donnez-en quelques symptômes.
    a. On tremble. Une sueur froide glace le front.
    b. La gorge se serre. Les yeux quittent leur orbite.

c. Les pieds chancellent, on sent le besoin d'uriner.

3. Comment réagir de façon positive ?
   a. Savoir que Dieu est en contrôle et qu'il est toujours présent,
   b. Vous rappeler que vous êtes sa propriété marquée de son sceau,
   c. Vous rappeler qu'Il doit vous défendre à cause de sa réputation.

4. Quelles sont les conditions pour vaincre la peur ?
   a. Il faut toujours dire la vérité.
   b. Il faut célébrer ses victoires avant le combat.

5. Quel sera enfin le résultat ?
   a. Vous aurez le succès partout.
   b. Votre foi augmentera et les autres seront raffermis.
   c. Jésus deviendra plus populaire.

6. Quel dernier conseil donner aux gens craintifs ?
   a. Qu'ils méditent la parole de Dieu et qu'ils prient.
   b. Qu'ils recherchent la compagnie des saints.
   c. Qu'ils témoignent publiquement des bienfaits de Dieu.

Leçon 9
Neuvième ennemi : Notre tempérament

Textes de base : 1S.25 : 1-38
Texte à lire en classe : 1S. 25 : 2-12
Verset de mémoire : Puis il leur dit: Gardez-vous avec soin de toute avarice; car la vie d'un homme ne dépend pas de ses biens, fût-il dans l'abondance. Lu. 12 :15
Méthodes : Discours, comparaisons, questions
But : Démontrer comment la ruine menace toute personne ayant un mauvais tempérament.

Introduction
Il est commun d'entendre des gens dire : « C'est ma nature, Dieu m'a créé ainsi. Je ne peux la changer. Est-ce une raison pour l'imposer aux autres ? Prenons le cas de Nabal.

I. **Il était fort riche, mais il était dur et méchant. 1S.25 : 2**
   1. Il possédait trois mille brebis et mille chèvres, assez pour développer une industrie de laine après la tonte. 1S.25 : 2
   2. Il refusa d'exercer la générosité envers des gens qui ont longtemps protégé volontairement sa ferme. 1S.25 : 11,16
   3. Au contraire, Il les renvoie avec des insultes. 1S.25 :10-11
   4. Personne ne peut l'aborder pour le blâmer. Pourquoi ? *Parce c'est son tempérament.* 1S.25 :17

II. **Résolution de David contre Nabal**
   1. Il a décidé de le ruiner en détruisant son entreprise. 1S.25 :13, 21-22
   2. Un serviteur alla révéler cette décision à Abigail, la femme de Nabal. Elle était bonne, belle et de bon sens. 1S.25 :3
      a. Pour réparer cette erreur, elle apporta à manger à David et à sa troupe. 1S.25 : 18
      b. Elle s'agenouilla devant lui, prit fait et cause pour elle seule, et implora le pardon. 1S.25 : 23-24

III. **Malgré tout cela, Dieu décida la fin du méchant**
   1. Nabal festoyait chez lui sans penser aux pauvres. 1S. 25 : 36
   2. Le lendemain, sa femme lui donna un compte-rendu des dons qu'elle avait faits à David pour l'apaiser. 1S.25 : 37
   3. C'était un coup mortel pour Nabal qui succomba à la suite d'une trombrose cérébrale. 1S.25 :37-38

Conclusion

Tâchez de dominer votre tempérament. Il n'est pas une excuse pour insulter les gens ni pour en mourir.

Questions

1. Quels sont les dictons évoqués par ceux qui veulent défendre leur caractère ?
   C'est ma nature. Dieu m'a créé ainsi. Je ne peux la changer.

2. Donnez-nous-en un exemple concret.
   Nabal

3. Faites-nous-en le portrait.
   a. Il était riche en brebis et chèvres.
   b. Il refusa d'exercer la générosité envers David, son bienfaiteur.
   c. Il repoussa sa délégation avec une insulte.

4. Quelle était la réaction de David ?
   Il décida de détruire son entreprise.

5. Qui a pu sauver Nabal de la destruction, et comment ?
   Abigail, sa femme a fourni du ravitaillement en nourriture à David.

6. Comment Dieu a-t-il puni Nabal ?
   Il le frappa d'une congestion cérébrale.

7. Quel conseil donner aux héritiers de Nabal ?
   a. Tâchez de dominer votre tempérament.
   b. Il n'est pas une excuse pour insulter les gens ni pour en mourir.

Leçon 10
Notre dixième ennemi : La mégalomanie

Textes de base : Ex. 3 :5-6 ; No. 14 :34 ; Jos.5 :14-15 ; 7 : 7 ; 8 :10 ; Jg. 6 : 15-20 ; Ne. 12 :1 ; Je. 1 : 5-6 ; Ez. 28 : 12, 17 ; Ro.12 :3 ; 1Th. 4 :3
Texte à lire en classe : Ro.12 : 3-8
Verset de mémoire : Par la grâce qui m'a été donnée, je dis à chacun de vous de n'avoir pas de lui-même une trop haute opinion, mais de revêtir des sentiments modestes, selon la mesure de foi que Dieu a départie à chacun. Ro. 12 :3
Méthodes : Discours, comparaisons, questions
But : Encourager les chrétiens à rechercher l'humilité

Introduction
Dieu a fait tout le monde sur mesure, d'où vient-il que certaines gens veulent le modifier pour tomber dans la démesure ?

I. **Certainement à cause de leur complexe de supériorité, de mégalomanie.**
   Ce sentiment vient de Satan. Ez. 28 : 1-2, 17
   1. Dieu a exigé à Moise et à Josué de diminuer de leur hauteur en enlevant leurs sandales. Autrement, pas de dialogue possible.
      Ex. 3 : 5-6 ; Jos. 5 : 14-15
   2. Dieu ne veut pas que nous ayons de nous-mêmes une trop haute opinion mais que nous nous revêtions de sentiment modeste, autrement il ne pourra jamais nous utiliser. Ro. 12 : 3

II. **C'est peut-être à cause de leur complexe d'infériorité.**
1. Gédéon se dit « le plus petit de sa tribu » Jg.6 : 15
   Pourtant, Jésus laissa le ciel pour venir prendre le repas du midi avec lui. Jg.6 :20
2. Jérémie, lui aussi, évoquait sa petitesse. Je.1 :6
   C'était exactement ce que Dieu attendait de lui et de tout homme. Je. 1 :5

III. **Quel en est le profit ?**
1. Pour Moise, pendant quarante ans, .il pouvait diriger avec compétence un peuple nombreux et indécrottable au milieu de l'affreux Désert du Sinaï. No.14 :34
2. Quant à Gédéon, avec trois-cents soldats, il extermina cent-vingt mille madianites. Jos.7 :7 ; 8 :10
3. Jérémie, sacrificateur d'Anathoth, a vu de ses yeux le sort d'Israël. Il survivait à leurs soixante-dix ans de captivité en Babylone. Ne.12 : 1

Conclusion

Notre Père répugne la mégalomanie, la folie de grandeur. Ce qu'Il veut dit l'apôtre, c'est votre sanctification et votre consécration. Soyez donc disponible, mobile et déplaçable. 1Th.4 : 3

Questions

1. Que veut dire « Mégalomanie ?
   Folie de grandeur

2. Prouvez que Dieu répugne toute vantardise.
   Il demande à Moise et à Josué d'enlever leur sandale en sa présence.

3. Quelle en est la signification spirituelle ?
   Dieu veut que nous n'ayons pas une trop haute opinion de nous -mêmes.

4. Qu'est-ce-qu'il attend de nous ?
   Que nous soyons petits à nos yeux.

5. Dans cette leçon quel en est le profit ?
   a. Moise conduisit Israël dans un Désert pendant quarante ans.
   b. Avec une armée de trois-cents hommes, Gédéon extermina cent-vingt mille madianites.
   c. Jérémie a vu le retour d'Israël après soixante-dix ans de captivité, le tout avec la puissance du Dieu Très-Haut.

Leçon 11
Quel est le langage parlé chez vous ?

Textes de base: 1R.1 :6 -53 ; 2 : 13--25 ; Ps. 133 : 1-2
Texte à lire en classe : Ps 133 : 1-3
Verset de mémoire : Voici, oh ! qu'il est agréable, qu' il est doux pour des frères de demeurer ensemble ! Ps. 133 :1
Méthodes : Discours, comparaisons, questions
But : Montrer les résultats attendus d'après le choix du langage qu'on adopte dans la famille.

Introduction
Qu'il soit un jargon, un dialecte, une langue connue, chaque maison utilise un langage pour s'exprimer et qui n'a rien à voir avec les formes ordinaires. C'est ce langage qui définit le mode de vie de la communauté. Essayer de le situer.

I. **Une famille utilise ce langage : le laisser-aller**
   1. Personne n'agit en responsable. On ne suit pas un programme, un horaire établi.
      a. On travaille, on mange, on joue, on dort et on se lève comme et quand on veut.
      b. Le retard et la ponctualité ne font aucune différence. On dit et on fait ce qu'on veut sans recevoir de blâme ou de compliment.
      c. On dit « Tout va bien » même si aux yeux du public tout ne va pas bien.
   2. Une pareille communauté devrait vivre en marge de la société. **Le laisser-aller conduira au laisser-faire.** Les enfants

finiront dans la misère, le banditisme et la prison.
Adonija, un fils de David vivait **dans le laisser-aller**. Son père ne lui avait fait de sa vie un reproche. Beau garçon, mais mal élevé. Il s'opposa à son frère Salomon qui enfin le tua. 1R.1 :6 ; 2 :24-25

II. **Cette famille-ci adopte un autre langage : la coopération**
  1. Leur vocabulaire est chargé d'expressions telles que : Faisons, allons, travaillons. On voit le rendement.
  2. On travaille ensemble, on mange et joue ensemble dans une parfaite harmonie ; on se croirait dans une ruche où chaque abeille fait son métier. Ps. 133 : 1-2

Cet esprit se manifeste dans l'exercice du respect mutuel, du respect des principes, et dans la crainte de Dieu.

Conclusion
Dès aujourd'hui, choisissez le langage de l'unité ; la paix et le progrès viendront d'eux-mêmes.

Questions

1. Qu'entendons-nous par « laisser -aller »
   Un mode de vie d'irresponsable.

2. Donnez au moins deux exemples
   a. On travaille, on mange, on joue, on dort et on se lève à n'importe quelle heure.
   b. Le retard et la ponctualité perdent leur signification.
   b. On dit et on fait ce qu'on veut sans blâme ni compliment.

3. Comment voir une famille ou l'on coopère ?
   a. Le vocabulaire est chargé d'expressions telles que : Faisons, allons, travaillons. On voit le rendement.
   b. On travaille ensemble, on mange et joue ensemble dans une parfaite harmonie comme dans une ruche.

4. D'où cela vient-il ?
   a. Du respect mutuel,
   b. De l'obéissance aux principes
   c. De la crainte de Dieu et du service pour Dieu

5. Quelles sont les conséquences du laisser-aller ?
   Il conduit à la pauvreté, au banditisme et à la prison.

Leçon 12
Le langage d'approche idéal

Textes de base : Jg. 6 : 1-32 ; 7 :1-25 ; Mt. 4 : 1-10 ; 3 : 13-17 ; Jn.8 :29 ; Ph.2 :9-11
Texte à lire en classe : Jg. 6 : 11-12 ; Mt. 3 : 13-17
Verset de mémoire : L'Ange de l'Eternel lui apparut et lui dit : L'Eternel est avec toi, vaillant héros ! Jg. 6 :12
Méthodes : Discours, comparaisons, questions
But : Montrer les effets positifs du langage

Introduction
Rien ne redouble l'énergie qu'un compliment fait à propos. Nous l'apprenons du Seigneur. Citons-en deux exemples bibliques.

Exemple dans l'Ancien Testament :

I. **L'Eternel est avec toi vaillant héros. Jg.6 : 12**
   1. Ce langage d'approche était le compliment de l'Eternel adressé à Gédéon, un jeune homme qui n'a jamais été à la guerre.
   2. Il ne faisait que ramasser les récoltes des champs de la famille pour les mettre à l'abri de Madian. Jg. 6 : 11
   3. Le Seigneur omniscient voulait apprécier son esprit patriotique. Il lui donne un trophée de victoire avant la bataille. Gédéon va justifier son potentiel au moins en deux occasions.
      a. Quand l'Eternel lui avait ordonné de renverser l'autel de Baal érigé chez son père, c'était tacitement une invitation à renoncer au faux dieu familial. Il l'a fait. Jg. 6 :25-26

b. Quand, l'Eternel lui avait enjoint d'opposer trois-cents volontaires contre les Madianites, il en tua cent-vingt mille. Jg.7 : 7 ; 8 :10

II. Deuxième exemple :
   Celui-ci est mon fils bien-aimé
   1. L'Eternel lui a fait ce compliment à haute voix devant tous les témoins de son baptême. Mt. 3 :17
   2. Conscient de l'amour de son Père, Jésus fera tout pour lui plaire et il en parlera toujours. Jn.8 :29
      a. Il ne le trahira pas devant Satan.
         Mt. 4 : 1-10
      b. Il ne fléchira pas devant les critiques.
         Mt. 12 : 24-28
      c. Il ira jusqu'à la mort de la croix pour plaire à son Père. Ph. 2 : 9-11

Conclusion

Ayez un mot de compliment, d'encouragement à l'égard d'autrui. Vous susciterez des héros et changerez des vies.

Questions

1. Pourquoi l'Eternel lui-même a-t-il fait un compliment à Gédéon ? Parce qu'il a vu en lui un potentiel.

2. Quelle est la conséquence du renversement de l'autel de Baal ? Le renoncement systématique au dieu de famille.

3. Montrez comment ce compliment a motivé Gédéon.
   a. Il renversa l'autel de Baal élevé dans la maison de son père.
   b. Il extermina cent-vingt mille madianites avec le concours de seulement trois-cents combattants.

4. Quel était le compliment de l'Eternel à Jésus ?
   C'est mon Fils bien-aimé en qui j'ai mis toute mon affection.

5. Quel était la portée de ce compliment ?
   Jésus a tout subi, même la mort pour plaire à son père.

Récapitulation des versets

1. Revêtez-vous de toutes les armes de Dieu, afin de pouvoir tenir ferme contre les ruses du diable. Ep. 6 :11

2. Il a effacé l'acte dont les ordonnances nous condamnaient et qui subsistait contre nous, et il l'a détruit en le clouant à la croix. Col. 2 :14

3. L'Éternel est élevé : il voit les humbles, Et il reconnaît de loin les orgueilleux. Ps. 138 :6

4. Mon peuple est détruit, parce qu'il lui manque la connaissance. Puisque tu as rejeté la connaissance, Je te rejetterai, et tu seras dépouillé de mon sacerdoce ; Puisque tu as oublié la loi de ton Dieu, J'oublierai aussi tes enfants. Os.4 : 6a

5. Je leur fis cette réponse : Le Dieu des cieux nous donnera le succès. Nous, ses serviteurs, nous nous lèverons et nous bâtirons ; mais vous, vous n'avez ni part, ni droit, ni souvenir dans Jérusalem. Ne. 2 :20

6. Vous abandonnez le commandement de Dieu, et vous observez la tradition des hommes. Mc. 7 :8

7. Car les armes avec lesquelles nous combattons ne sont pas charnelles ; mais elles sont puissantes, par la vertu de Dieu, pour renverser des forteresses. 2Co.10 :4

8. Ne crains rien, car je suis avec toi; Ne promène pas des regards inquiets, car je suis ton Dieu; Je te fortifie, je viens à ton secours, Je te soutiens de ma droite triomphante. Es. 41 :10

9. Puis il leur dit : Gardez-vous avec soin de toute avarice; car la vie d'un homme ne dépend pas de ses biens, fût-il dans l'abondance. Lu 12 :15

10. Par la grâce qui m'a été donnée, je dis à chacun de vous de n'avoir pas de lui-même une trop haute opinion, mais de revêtir des sentiments modestes, selon la mesure de foi que Dieu a départie à chacun. Ro. 12 : 3

11. Voici, oh ! qu'il est agréable, qu'il est doux pour des frères de demeurer ensemble ! Ps. 133 :1

12. L'Ange de l'Eternel lui apparut et lui dit : L'Eternel est avec toi, vaillant héros ! Jg. 6 :12

LA TORCHE DES TORCHES

Volume 21 - Série 3

LES ESPRITS IMPURS

Avant-propos

... Puis, ayant appelé ses douze disciples, il leur donna le pouvoir de chasser les esprits impurs, et de guérir toute maladie et toute infirmité. Jésus était, lui aussi, confronté par ces forces invisibles. Il les a vaincues. Voilà pourquoi il peut nous conférer le pouvoir de les maitriser. Matthieu 10 :1
Nouveaux disciples, écoutons la voix du maitre et partons à la chasse de ces forces qui font la guerre à l'âme. 1Pi.2 :11

Révérend Renaut Pierre-Louis

Leçon 1
L'arrière-pensée, un esprit impur

Textes de base : Mt. 12 : 24 ; Mc. 1 : 27 ; 2 :16 ; Jn. 4 : 6, 27 ; 19 :12

Texte à lire en classe : Mt. 12 : 22-30

Verset de mémoire : Là-dessus arrivèrent ses disciples, qui furent étonnés de ce qu'il parlait avec une femme. Toutefois aucun ne dit: Que demandes-tu? ou: De quoi parles-tu avec elle? Jn. 4 : 27a

Méthodes : Discours, comparaisons, questions

But : Encourager les chrétiens à avoir l'esprit positif.

Introduction

Méfiez-vous, dit un auteur, de celui qui trouve tout mal, de celui qui trouve tout bien et surtout de celui qui est indifférent à tout. Voilà qui résume l'arrière-pensée.

I. Comment peut-on encore la définir ?

Selon Larousse, la pensée c'est la formation des idées dans l'esprit. Tandis que l'arrière-pensée, c'est la pensée ou l'intention qu'on ne manifeste pas ouvertement.

II. Comment s'exerce l'arrière-pensée ?
1. Voici un exemple dans le contexte social.
   Les pharisiens critiquent Jésus parce qu'il mange avec des publicains et des gens de mauvaise vie. D'après eux, Jésus était sans prestige. Mc.2 :16
2. Dans le contexte sociopolitique
   Ils déclarent que Jésus n'est pas ami de César. En d'autres termes, il est contre le

gouvernement. C'était assez pour le condamner à mort. Jn.19 :12

3. Dans le contexte moral et culturel
On s'étonne de ce qu'il parlait avec une femme. Heureusement, la scène a eu lieu en plein air et en plein midi. Jn.4 : 6-7, 27

4. Dans le contexte spirituel
Cet homme, disent les pharisiens, chasse les démons par Béelzébul. Mt.12 : 22-23
   a. Aucun d'eux ne peut égaler Jésus dans son amour pour l'homme et dans sa puissance pour chasser les démons.
   b. Ces formes d'arrière-pensées dénoncent chez eux la présence de l'esprit impur. Ils interprètent mal les miracles du Seigneur par jalousie et préjugé.
   c. C'est aussi parce que sa compétence les dépasse.
   d. Mais les gens à esprit pur vous louent sans flatterie. Ecoutez : « Qu'est-ce que ceci? Une nouvelle doctrine! Il commande avec autorité même aux esprits impurs, et ils lui obéissent! Mc. 1 :27

Conclusion
Esprit impur, au nom de Jésus, sortez de votre cachette !

Questions

1. Comment définir l'arrière-pensée ?
   C'est la pensée ou l'intention qu'on ne manifeste pas ouvertement.

2. Donnez dans la leçon ses domaines d'application
   a. Les pharisiens traitent Jésus de sans prestige parce qu'il mange avec des gens de rien.
   b. Puisqu'il se dit roi, les pharisiens déclarent qu'il est contre le gouvernement.
   c. Les disciples s'étonnaient de ce qu'il parlait avec une femme.
   d. Ils allèguent qu'il chasse les démons par le pouvoir de Beelzébul.

3. Pourquoi toutes ces allégations ?
   Par pure jalousie

4. Comment se comportent les gens animés d'esprit pur ?
   Ils applaudissent aux miracles de Jésus.

5. Comment traiter avec les esprits impurs ?
   On les chasse.

Leçon 2
L'esprit immonde

Textes de base : Es. 44 :22 ; 45 : 22 ; Marc 5: 5-15
Texte à lire en classe : Mc. 5 : 1-12
Verset de mémoire : Ayant vu Jésus de loin, il accourut, se prosterna devant lui Mc. 5 : 6
Méthodes : Discours, comparaisons, questions
But : Chasser les esprits tordus

Introduction
N'avez-vous pas pitié de cet homme que vous connaissez bien et qui aujourd'hui perd la raison ? Allons le voir maintenant à Gadara.

I. **Au fait, comment le voyez-vous ?**
1. S'il n'est pas dans les sépulcres, il est sur les montagnes criant et se meurtrissant avec des pierres. Mc.5 : 5
   a. Il brise toutes les chaines et reste indomptable. Mc.5 : 3-4
   b. Inconsciemment, il fait tort à lui-même et à la société.
   c. Sa mort apporterait un baume de consolation à sa famille.

II. **Que représentent les sépulcres ?**
1. Les lieux de charognes et d'ordures que les gens normaux fuient.
   a. L'Homme possédé par l'esprit impur va de la drogue à la prostitution, de la prostitution à la superstition.
   b. Il gaspille son argent dans les jeux de hasards, dans les plaisirs malsains. Il

s'endette par la multiplication des cartes de crédit et ferme l'oreille à toute exhortation.

III. Condition finale
1. Il devient une charge pour le gouvernement et une honte pour sa famille et la société.
2. Il connait la mort civile, c'est-à-dire une personne sans droits et sans obligations ; c'est un cas perdu.

IV. Y a-t-il une voie de recours ?
1. Mais oui ! Il a vu Jésus de loin. Il accourut et se prosterna devant lui. Mc.5 :6
2. A quelle que soit la distance que vous puissiez être, il suffit de tourner les regards vers Jésus, pour être sauvé. Es.44 :22 ; 45 :22 Jésus chassa l'esprit impur et le transféra sur les pourceaux. Mc.5 : 8-12

Conclusion
Et voilà l'homme redevenu normal ! Quelle résurrection ? Acclamons le Seigneur ! Mc.5 : 15

Questions

1. Comment décrire la condition du possédé de Gadara ?
   a. Il vit soit dans les montagnes soit dans les cimetières.
   b. Il brise toutes les chaines.

2. Que symbolisent les sépulcres ?
   Les boites de nuit, les jeux de hasards, les cartes de crédit impayés.

3. Quelle est la condition finale du possédé ?
   Il devient une charge pour sa famille, pour le gouvernement et pour la société.

4. Comment cet esprit fut-il chassé ?
   Il courut se jeter aux pieds de Jésus qui le chasse.

5. Qui défie les cas perdus ?
   Jésus

Leçon 3
L'esprit vindicatif, un esprit impur

Textes de base : 2S. 17 : 1-2 ; Ne. 6 :1-2, 14 ; Je. 9 : 4-5 ; 2Co.11 :26 ; 12 :9 ; 2Ti.4 :9-17
Texte à lire en classe : Je. 9 : 1-6
Verset de mémoire : Que chacun se tienne en garde contre son ami, Et qu'on ne se fie à aucun de ses frères; Car tout frère cherche à tromper, Et tout ami répand des calomnies. Je. 9 : 4
Méthodes : Discours, comparaisons, questions
But : Ecarter de vous l'idée de vengeance.

Introduction
L'extérieur de l'homme ne reflète pas toujours son intérieur. Voilà pourquoi nous allons vous mettre en garde contre quatre manifestations de l'esprit impur.

I. Premier : Le sabotage
1. C'est l'œuvre d'un associé malveillant : il détériore ou détruit intentionnellement votre matériel de travail pour des raisons personnelles. Paul le traite de faux frère. 2Co.11 :26
2. Heureusement, Dieu couvre son serviteur de sa grâce. 2Co.12 :9

II. Deuxième : Le boycottage
1. C'est le cas de votre homme de confiance : il s'absente au moment où sa présence vous était indispensable. Paul parle de Démas son secrétaire : il l'a abandonné par amour pour les jeux olympiques à Thessalonique. 2Ti.4 :9

2. Heureusement Dieu l'a assuré de sa grâce suffisante. 2Ti.4 : 17

III. **Troisième : Le guet-apens**
1. C'est l'œuvre d'un Sanballat ou d'un Gueschem : ils tendent un piège à Néhémie pour le basculer de sa position. Ne.6 :1-2
2. Heureusement, le Seigneur l'en a délivré. Ne. 6 :14

IV. **Quatrième : La trahison**
C'est l'œuvre d'un partisan dont le vote vous aurait assuré la victoire à l'urne. Malheureusement, il trahit votre confiance.
Cet esprit impur peut dominer **votre plus cher ami** parce qu'il est rongé par la jalousie ou miné par des ambitions cachées. Je cite ici Achitophel, le conseiller privé de David. Il le trahit au profit d'Absalom, un fils du roi, pour sauvegarder ses intérêts. 2S.17 :1-2

Conclusion
Rappelez-vous du conseil de Jérémie : « Que chacun se tienne en garde contre son ami et qu'on ne se fie à aucun de ses frères ; car tout frère cherche à tromper et tout ami répand des calomnies. Je.9 : 4-5
Etes-vous suffisamment édifié ?

Questions

1. Citez quatre manifestations de l'esprit impur :
   Le sabotage, le boycottage, le guet-apens et la trahison

2. Définissez le sabotage
   C'est l'œuvre d'un associé qui met en panne votre matériel de travail pour vous empêcher de fonctionner.

3. Définissez le boycottage
   C'est l'acte par lequel votre homme de confiance vous laisse au moment où sa présence était indispensable.

4. Définissez le guet-apens :
   piège, embuscade

5. Définissez la trahison :
   le manquement de quelqu'un à sa promesse

6. Que vous conseille le prophète Jérémie ?
   De ne pas vous fier à personne.

Leçon 4
L'esprit négatif, un esprit impur

Textes de base : 1S. 25 : 7-11, 33-34 ; Ne. 2 :18 ; 4 :10-13 ; 6 :15 ;
Texte à lire en classe : Ne. 6 : 15-19
Verset de mémoire : Cependant Juda disait : Les forces manquent à ceux qui portent les fardeaux, et les décombres sont considérables ; nous ne pourrons pas bâtir la muraille. Ne. 4 :10
Méthodes : Discours, comparaisons, questions
But : Ignorer les gens sans visions et qui ne voient que le mauvais côté des choses.

Introduction
Si vous pouvez avoir auprès de vous des gens à esprit positif, vous avez le ciel sur terre. Autrement, vous avez un enfer ouvert sur deux battants.

I. **Comment se manifeste cet esprit impur ?**
   1. Il est pessimiste. Il ne voit que le mauvais côté des choses. Vous ne pourrez jamais avancer avec lui. Il a un discours tout fait pour vous décourager.
   2. Voyez Néhémie. Il a prié et a motivé le peuple pour la reconstruction des murailles de Jérusalem. Ne.2 :18 Pour refroidir leur enthousiasme, un certain Juda objecta en disant :
      a. Les gens n'ont pas de force pour porter les fardeaux.
      b. Les décombres sont considérables.
      c. Finalement, nous ne pourrons pas bâtir la muraille. Ne.4 :10

3. Néhémie l'ignorait et engagea la responsabilité individuelle des familles pour continuer le travail. Ne.4 :13
4. Et la muraille fut achevée en cinquante-deux jours ! Ne. 6 : 15

II. L'esprit contradictoire et de dénigrement
1. Il vient de quelqu'un en mal d'importance. Il prend plaisir à vous désobéir pour affirmer sa grossièreté et son opposition.
2. Il trouve tout mal et perd le sens d'appréciation. Lorsque David envoya une délégation auprès de Nabal pour obtenir des ravitaillements, celui-ci feint d'ignorer la protection gratuite de David accordée à son troupeau pendant des mois.
3. Au lieu de les assister, il préfère les vexer sans pitié. 1S. 25 :7-11.
4. N'était-ce l'intervention généreuse de sa femme Abigail, Nabal aurait causé la perte totale de tous ses biens. 1S.25 :33-34

Conclusion
Ignorez ces gens, Regardez à Jésus et faites votre chemin. Quand vous avez une vision, foncez sur votre destin. Jésus vous attend à la ligne terminale.

Questions

1. Quel est le but de cette leçon ?
   Ignorer les gens sans visions qui ne voient que le mauvais côté des choses.

2. Quels sont les esprits impurs considérés dans cette leçon ?
Le découragement, l'esprit contradictoire et de dénigrement.

3. Comment se manifeste l'esprit négatif ? Il vient avec des paroles ou une attitude pour vous décourager.

4. Quels sont les arguments avancés par Juda pour discontinuer le travail ?
   a. Les forces manquent à ceux qui portent les fardeaux,
   b. Les décombres sont considérables
   c. Finalement, nous ne pourrons pas bâtir la muraille.

6. Quelle était la réaction de Néhémie ?
Il l'ignorait et engagea la responsabilité individuelle de chaque famille pour continuer le travail.

7. Comment se manifeste l'esprit contradictoire et de dénigrement ?
   a. Il vous désobéit et vous raille pour affirmer son importance.
   b. Il n'apprécie rien de ce que vous faites.

8. Comment vaincre ces esprits impurs ?
Ignorez-les. Regardez à Jésus. Utilisez les moyens du bord.

Leçon 5
Le découragement, un esprit impur

Textes de base : Mc. 5 : 15, 21-37, 33-43
Texte à lire en classe : Mc. 5 : 35-43
Verset de mémoire : Mais Jésus, sans tenir compte de ces paroles, dit au chef de la synagogue : Ne crains pas, crois seulement. Mc. 5 :36
Méthodes : Discours, comparaisons, questions
But : Aider les chrétiens à considérer les grâces infinies du Tout-Puissant.

Introduction
Si vous êtes confronté par un problème personnel, sachez qu'il vous faut écarter de votre chemin les gens qui veulent vous intimider. J'en prends comme exemple le cas de Jaïrus, le chef de la synagogue juif. Mc.5 :35.

I. Quel était son problème ?
  1. Sa fille était indisposée.
     a. Les gens de sa maison vinrent lui en annoncer le décès et qu'il était inutile d'importuner Jésus. Mc. 5 : 35
     b. La Loi et le Sabbat n'y pouvaient rien et tandis que Jaïrus était désespéré, Jésus lui dit :
        Crois seulement. En d'autres termes : « **Ne cède pas à la pression** » Mc.5 :36

II. D'où vient la foi de Jaïrus ?
  1. Il croit dans la capacité de Jésus pour guérir sa fille parce que sa foi vient d'être fortifiée par deux preuves :

    a. La guérison de l'homme de Gadara enchaîné depuis longtemps par l'esprit impur. Mc. 5 : 15
    b. La guérison récente d'une femme souffrant de dysménorrhée pendant douze ans. Mc. 5 : 24-26, 33-34
2. Sa fille serait la troisième patiente à bénéficier de la guérison divine ce jour-là.

III. La modalité de sa guérison
1. D'abord, Jésus sélectionna son staff médical parmi les disciples. Mc.5 : 37
2. Ensuite, Il fit sortir tous les curieux et les moqueurs. Mc.5 : 40
3. Enfin Il guérit la jeune fille et ordonna qu'on lui servît à manger. Mc. 5 : 43

Conclusion

La pression augmente la tension. Gardez le sang-froid. Jésus est à l'œuvre. Avec lui, l'esprit de découragement est vaincu.

Questions

1. Quel était le dilemme de Jaïrus ?
   a. Sa fille était indisposée. La Loi et le Sabbat ne pouvaient la guérir.
   b. On vient même lui annoncer que sa fille est morte.

2. Quel était l'état d'âme de Jaïrus ?
   Il était désespéré.

3. Que lui dit Jésus pour le rassurer ?
   Demeure en paix, crois seulement.

4. D'où vient la foi de Jaïrus ?
   a. Des preuves de guérison de l'homme possédé d'esprit impur.
   b. De la guérison de la femme atteinte de perte de sang.
   c. Sa fille sera la troisième patiente bénéficiaire de la guérison divine.

5. Quelle était la modalité de cette guérison ?
   a. Jésus sélectionna son staff médical
   b. Il écarta les curieux et les moqueurs
   c. Il guérit la jeune fille et ordonna qu'on lui servît à manger.

6. Quelle est le meilleur conseil à suivre ?
   a. Ne cédez pas à la pression.
   b. Gardez le sang-froid
   c. Sachez que Jésus est à l'œuvre et cela suffit

Leçon 6
La surdimutité, un esprit impur.

Textes de base : Mt. 17 :21 ; Mc.9 :14-29 ; Ac. 8 :7
Texte à lire en classe : Mt. 17 : 14-21
Verset de mémoire : Mais cette sorte de démon ne sort que par la prière et par le jeûne. Mt. 17 :21
Méthodes : Discours, comparaisons, questions
But : Combattre la mauvaise foi chez certains

Introduction
Quelle infirmité quand on ne peut ni entendre ni parler ! Comment Jésus va-t-il résoudre ce problème ?

I. **Ce cas était d'abord introduit devant de faux docteurs :**
   1. Jésus jeûnait en compagnie de trois disciples. Le père d'un sourd-muet consulta les neuf disciples restants, convaincu qu'ils pourraient guérir son enfant. Vaines démarches !
   2. L'enfant continua à se jeter par terre, à écumer et à grincer des dents. Mc.9 : 17-18

II. **Maintenant, il voit Jésus, le vrai médecin**
    Jésus guérit l'enfant moyennant la foi de son père. Mc.9 : 22-24

III. **Au fait comment le sourd-muet se comportait-il ?**
   1. Puisqu'il était privé de la faculté d'entendre, conséquemment il ne pouvait parler. Dans ses vains efforts pour s'exprimer, il s'agite et devient très violent. Mc.9 :18

a. Il est ce jeune, **sourd** aux ordres des parents et **muet** quand on lui parle, tandis qu'il devient **agité** par la passion et la musique. Il tombe tantôt dans l'eau (**la drogue**) ou le feu (la **narcotique**). Mc. 9 :22
b. Il est ce chrétien **indifférent** à tout ce qu'on fait dans l'Eglise. Il trouve toujours un prétexte pour ne pas y participer, mais il est **très agité** dans les fêtes et les services de réveil. Il est **drogué** par l'internet et la télévision. Ac. 8 :7
c. C'est enfin un individu **frustré** qui prépare une vengeance. Le jour où il peut **défouler** sa haine, il **explose**. Mc.9 :26

La rencontre avec Jésus change l'équation.

Conclusion

Dès aujourd'hui, ne forcez personne à parler. Pour chasser cet esprit impur, exécutez la prescription de Jésus : le jeûne et la prière. Mt.17 :21

Questions

1. Qu'est-ce-que la surdimutité ?
   C'est la maladie du sourd-muet.

2. Quand ce cas était-il présenté devant Jésus ?
   Après un essai infructueux devant ses disciples ?

3. Quels disciples ?
   Ceux-là qui n'étaient pas avec lui dans le jeûne et la prière.

4. Comment se manifestait la maladie ?
   L'enfant se jette par terre, écume et grince des dents.

5. Quelle était la condition sine qua non pour cette guérison ?
   a. Du côté des disciples, il faut une vie de jeûne et la prière
   b. Du côté du père, il lui faut la foi.

6. A qui comparer ce sourd-muet spécifiquement ?
   Aux jeunes
   a. Sourds aux ordres des parents,
   b. Muets quand on leur parle
   c. Mais agités par la passion et la musique.
   d. Ils tombent dans la drogue ou les narcotiques.

7. A qui comparer ce sourd-muet dans un sens général ?
   a. Aux chrétiens indifférents aux activités de l'Eglise
   b. Mais qui sont très agités dans les fêtes et les services de réveil.
   c. Ils sont drogués par l'internet et la télévision.
   d. C'est enfin un individu frustré qui défoule sa haine quand il peut se venger.

8. Qui peut changer l'équation ?
   Jésus

Leçon 7
La discrimination, un esprit impur

Textes de base: No. 12 : 1 ; 2S. 14-16, 20 ; 2Ch. 26 :16 ; Je. 13 :23 ; Lu.4 : 18-19 ; Jn. 3 :16 ; 8 : 36 ; Ro. 3 :23 ; 6 :23 ; 2Pi. 3 :13
Texte à lire en classe : No. 12 : 1-8
Verset de mémoire : Je lui parle bouche à bouche, je me révèle à lui sans énigmes, et il voit une représentation de l'Éternel. Pourquoi donc n'avez-vous pas craint de parler contre mon serviteur, contre Moïse? No.12 : 8
Méthodes : Discours, comparaisons, questions
But : Montrer aux chrétiens la source de la vraie valeur.

Introduction
Notre Dieu aime la diversité. Pour son bon plaisir, il créa les hommes, les animaux et les choses de couleurs et d'aspects différents. D'où vient la discrimination ?

I. De Satan. Cet esprit impur se manifeste

1. **D'abord, par l'aliénation**
   a. On vous refuse les droits accordés à tous comme si vous n'êtes pas une personne.
   b. Cependant, on vous exploite et vous rejette ensuite. 2Ch.26 :16
2. **Puis, par le mépris**
   a. Rien en vous n'attire. Tous vos actes sont mal interprétés.

b. David a beau danser de toute sa force devant l'Eternel. Cependant, sa femme aristocrate traite son adoration et sa louange de vulgaires et de dégradantes. 2S.6 :14-16, 20
3. **Ensuite, par la ségrégation**
   a. A cause de sa couleur, son rang, son degré d'éducation et sa fortune, la personne refuse de s'asseoir à vos côtés. Votre couleur l'offense.
   b. Elle fait tout pour vous nuire. Marie se souleva contre Moise, son frère, parce qu'il s'est allié à une négresse éthiopienne. No.12 : 1
4. **Enfin par la discrimination systématique**
   a. On veut ignorer votre compétence : le but est de vous rémunérer d'après la couleur de votre peau et votre origine. Je.13 :23
   b. On pardonne à l'un et on condamne l'autre pour la même faute.

II. **Voyons l'intervention de Jésus**
1. Il vient combattre cet esprit impur. Puisque **tous** ont péché, Il est le Messie pour **tous**. Ro. 3 :23 ; 6 :23
2. Il vient pour proclamer la délivrance aux captifs. Lu. 4 :18-19 ; Jn.8 :36

Conclusion
Réjouissez-vous de la liberté que vous avez en Jésus-Christ dans l'attente d'une nouvelle terre et de nouveaux cieux où la discrimination disparaitra.
Jn.3 :16 ; 2Pi.3 :13

Questions

1. Qui a créé la diversité et pourquoi ?
   Dieu. Il l'a créée pour son bon plaisir.

2. D'où vient la discrimination ?
   De Satan

3. Comment se manifeste cet esprit impur ?
   Par l'aliénation, le mépris, la ségrégation et la discrimination systématique.

4. Expliquez :
   a. On refuse de reconnaitre vos droits.
   b. On interprète mal tout ce que vous faites.
   c. La couleur de votre peau est une offense.
   d. Votre compétence est partant ignorée.

5. Comment Jésus a-t-il combattu cet esprit impur ?
   a. En reconnaissant que **tous** ont péché et que **tous** sont privés de la gloire de Dieu.
   b. Il est le Messie, le Sauveur du **monde entier**.
   c. Il vient proclamer la délivrance pour **tous** les captifs de Satan.
   d. Il prépare pour **tous** de nouveaux cieux et une nouvelle terre dénuée de discrimination.

Leçon 8
L'esprit de démon, un esprit impur

Textes de base : Mt. 7 : 1 ; Lu.4 :33-37 ; 1Co.3 : 12-13 ; 1Ti. 5 :24 ; 2Pi.3 :17

Texte à lire en classe : 1Co. 3 : 12-17

Verset de mémoire : Les péchés de certains hommes sont manifestes, même avant qu'on les juge, tandis que chez d'autres, ils ne se découvrent que dans la suite.1Ti. 5 :24

Méthodes : Discours, comparaisons, questions

But : Nous mettre en garde contre les esprits impurs cachés dans des activités pures.

Introduction

Pouvez-vous imaginer que là, au sein d'une synagogue, on peut rencontrer un esprit de démon impur ? Nous faisons foi à la déclaration de Luc. Lu.4 :33.

I. **Comment le détecter ?**
 1. C'est difficile.
    a. Paul fait savoir à Timothée que « Les péchés de certains hommes sont manifestes avant qu'on les juge, tandis que chez d'autres, ils ne se découvrent que dans la suite ». 1Ti.5 :24
    b. Jésus nous ordonne de ne pas juger. Mt.7 :1
    c. Le Saint-Esprit seul peut les détecter. Lu.4 : 33-34

II. **Comment interpréter la déclaration de Luc ?**
 1. D'après vous et moi, un esprit de démon doit être impur. Pourquoi cette redondance ?

C'est parce que certains esprits de démon sont déguisés.
- a. Ils sont cachés derrière un esprit de service. La personne est zélée pour montrer à tous comment elle est indispensable.
- b. Ils sont cachés derrière la politesse et les bonnes manières et vous pourrez prendre leur voix douce pour une expression de sainteté.
- c. L'esprit impur vous conduit à lire en cachette de mauvais livres, des livres de magie pour vous remplir de fluides négatives, des livres pornos pour vous pousser au sadisme et au masochisme.

2. La Bible déclare qu'un jour l'œuvre de chacun sera éprouvée par le feu du jugement de Dieu.
1Co.3 : 12-13

Conclusion

Quelle que soit l'attitude des gens, la Bible nous recommande de rester sur nos gardes, de peur qu'entrainés par l'égarement des impies, nous ne venions à déchoir de notre fermeté. 2Pi.3 :17

Questions

1. Comment détecter un esprit de démon impur ?
   Très difficile

2. Pourquoi ?
   a. Parce qu'il est difficile de découvrir les péchés de certains hommes.
   b. Parce que Jésus nous demande de ne pas juger.
   c. Parce qu'il appartient au Saint Esprit seul de les dévoiler.

3. Comment interpréter la déclaration de Luc ?
   a. Certains démons sont déguisés :
   b. Ils sont cachés derrière un esprit de service.
   c. Ils sont cachés derrière la politesse et les bonnes manières, et une voix douce.
   d. La personne lit en cachette les livres de magies, les livres pornos qui poussent au sadisme et au masochisme

4. Qu'en dit la bible ?
   L'œuvre de chacun sera éprouvée par le feu du jugement de Dieu.

5. Que nous recommande la parole de Dieu ?
   De rester sous nos gardes de peur de nous égarer par les démarches des impies.

Leçon 9
La moquerie, un esprit impur

Textes de base : Ps. 1 : 1-6 ; Ep. 4 :5 ; Ap. 7 :15 ;16 :13
Texte à lire en classe : Ps. 1 : 1-6
Verset de mémoire : Qu'on n'entende ni paroles déshonnêtes, ni propos insensés, ni plaisanteries, choses qui sont contraires à la bienséance ; qu'on entende plutôt des actions de grâces. Ep. 5 : 4
Méthodes : Discours, comparaisons, questions
But : Rechercher la compagnie des gens qui ont un cœur pur.

Introduction
Ce n'est pas de propos délibéré que la Bible nous met en garde contre les moqueurs. Leur intention n'est jamais bonne et vous allez en savoir la raison.

I. Qui est moqueur ?
   1. Celui qui profite de vos erreurs et de vos faiblesses pour vous humilier.
   2. Il trouve normal de pousser la plaisanterie jusqu'à vous exciter à la colère et s'étonne que vous vous fâchiez.
   3. Il vous ridiculise le plus souvent en public et il s'en réjouit.
   4. Si vous tombez dans son piège, il s'en félicite. C'est un esprit impur. Il vient du malin. Ses mauvais propos dégagent des fluides négatives capables d'infecter votre vie spirituelle.

II. **Quel est le sort des moqueurs ?**
Ils sont légers sur la balance de Dieu. Ils sont comme la paille que le vent dissipe.
Le jugement de Dieu contre eux ne tarde pas.
Ps.1 : 5
Ils paieront pour eux et pour leurs descendants car ils seront ruinés.

III. **Comment éviter cet esprit impur.**
1. Gardez une attitude passive, indifférente aux attaques.
2. Prenez votre bible et méditez-la jour et nuit. Ps.1 :2
3. Songez que vous serez au ciel pour louer Dieu jour et nuit. Ne soyez pas **dérangé** par des gens **dérangés.** Préparez-vous à servir Dieu dans le ciel jour et nuit. Ap. 7 :15
4. La Bible défend ces plaisanteries qui sont contraires à la bienséance. Ep.5 : 4

IV. **Quelle sera votre récompense ?**
1. Vous produirez des fruits agréables au Seigneur.
2. Vous réussirez partout et vous contemplerez la ruine du moqueur. Ps.1 : 3

Conclusion
La vie chrétienne est une affaire si sérieuse qu'on ne doit pas prendre les moqueurs au sérieux. Ayez les regards sur Jésus. Il vous délivrera du malin esprit.

Questions

1. Qui est moqueur ?
    a. Celui qui profite de vos erreurs pour vous humilier.
    b. Celui qui pousse la plaisanterie jusqu'à vous exciter à la colère.
    c. Celui qui se réjouit d'avoir à vous ridiculiser en public.
    d. Il se félicite de vous avoir fait tomber dans son piège.

2. Comment le caractériser ?
    a. C'est un esprit impur. Il vient du malin.
    b. Ses mauvais propos dégagent des fluides négatives capables d'infecter votre vie spirituelle.

3. Quel est le sort final des moqueurs ?
    a. Ils seront comme la paille emportée par le vent.
    b. Ils attendent le jugement de Dieu.
    c. La ruine les attend.

4. Comment éviter cet esprit impur ?
    a. On doit rester calme, indifférent à son attaque.
    b. On reste attaché à la parole pour la méditer.
    c. On ne doit pas être dérangé par des gens dérangés.

5. Quelle sera votre récompense ?
    a. Vous produirez des fruits agréables au Seigneur
    b. Le succès vous attend partout.

Leçon 10
L'esprit de dissimulation, un esprit impur

Textes de base : Mt. 6 : 2,5, 16 ; 22 :18 ; 23 : 13,14,15,23,25,27,29 ; Mc. 3 :11
Texte à lire en classe : Mt. 6 : 5-8
Verset de mémoire : Les esprits impurs, quand ils le voyaient, se prosternaient devant lui, et s'écriaient: Tu es le Fils de Dieu. Mc. 3 :11
Méthodes : Discours, comparaisons, questions
But : Accentuer la vérité

Introduction
Hypocrite ou non, le COVID 19 a obligé le monde entier à porter des masques. Ce carnaval dure encore et il nous permet de définir l'état d'âme de l'homme moderne.

I. **Il vit dans la peur**
   1. Il craint les conséquences de la pandémie pour lui et pour ses proches.
   2. Il craint ses semblables desquels il observe la distance sociale de six pieds, ce qu'il ne fait pas pour son chien ou pour son chat.
   3. Le masque cache sa vraie identité.
   4. Pourtant les bêtes, même domestiques ne portent pas de masque. On reconnait son chien comme chien et son chat comme chat, mais pas tous les humains comme homme.

II. **L'homme continuera à vivre dans la peur**
   1. En dehors du COVID, l'homme porte encore un masque très fin : **l'hypocrisie**, un virus plus dangereux que le COVID, car on

ne peut jusqu'ici trouver de vaccin contre l'hypocrisie. Marc 3 :11
2. Cet esprit impur est tellement dangereux que Jésus n'a pas hésité une seconde à le signaler **sur le visage** des scribes et des pharisiens. C'est un venin mortel capable de détruire en silence le monde entier.
3. Les hypocrites sont les faux dévots. Ils ne se mettent pas vraiment en peine de vous. Mt. 6 : 2,5, 16
4. Ils vous tendent des pièges même en vous posant des questions. Mt.22 :18
5. Ils vous embrassent pour mieux vous étouffer. Mt. 23 : 13,14,15,23,25,27,29

Conclusion

On ne raisonne pas avec un esprit impur, on le chasse !

Questions ?

1. Quelle leçon pouvons-nous tirer du COVID 19 ?
   a. Tout le monde porte des masques. On ne peut pas identifier tout le monde.
   b. On reconnait un chien comme tel, un chat comme tel mais pas tous les hommes comme tels.

2. Quelles sont les retombées du Covid 19 ?
   On a peur de ses semblables mais pas des chiens et des chats.

3. Quel masque porte l'homme même après le passage du Covid ?
   L'hypocrisie

4. Comment le caractériser ?
   a. C'est un virus plus dangereux que le Covid.
   b. On n'a pas encore trouvé de vaccin contre l'hypocrisie.
   c. C'est un venin mortel duquel Jésus nous met en garde.
   d. Il peut détruire le monde entier.

5. Quelle est sa manière d'agir ?
   a. L'hypocrite vous tend un piège même dans les questions qu'il vous pose.
   b. Il vous embrasse pour mieux vous étouffer.

6. Que recommande Jésus-Christ ?
   De l'appeler par son nom et de le chasser

Leçon 11
La cruauté, un esprit impur

Textes de base : Mt. 12 : 22-24 ; Ac.17 :1-9 ; 1Co.10 : 1-11 ; 2Co. 11 :10-12 ; Ph.4 : 8
Texte à lire en classe : Ac. 17 : 1-9
Verset de mémoire : Au reste, frères, que tout ce qui est vrai, tout ce qui est honorable, tout ce qui est juste, tout ce qui est pur, tout ce qui est aimable, tout ce qui mérite l'approbation, ce qui est vertueux et digne de louange, soit l'objet de vos pensées.Ph.4 : 8
Méthodes : Discours, comparaisons, questions
But : Vous garder des gens cruels

Introduction
L'homme n'est ni ange ni bête. Il est les deux à la fois. Mais quand la bête s'affirme, méfiez-vous en.

I. **Comment se manifeste- t-elle ?**
   1. **Par traitrise :**
      a. Le chat fait le gros dos en se frottant sur vous ; mais il vous griffe sans merci si vous osez le piétiner.
      b. Certaines gens sont comme les chats ; vous pouvez vous tromper sur leur bonne manière ; méfiez-vous en.
      c. Paul blâme cette attitude chez les frères de l'Eglise de Corinthe. 2Co.10 : 10-11
   2. **Par la force :**
      a. Le loup ne pardonne à personne. Il vous dévore cruellement.
      Ainsi en est-il de ceux-là qui vous punissent à l'excès pour un rien.

b. Lorsque Jason recevait Paul et Silas chez lui, à Thessalonique, des juifs jaloux le traînèrent au tribunal en l'accusant d'avoir logé des gens qui ont bouleversé le monde. Ac.17 :6

c. « Ces gens disent-ils, ont agi contre les édits de César tandis qu'ils planifient une campagne pour élire Jésus, un autre roi. »
Ac. 17 : 7
Jason devait alors payer une caution pour sa mise en liberté provisoire. Ac.17 : 5-9

3. **Par un blasphème** :
Toute une foule applaudit Jésus à la guérison d'un démoniaque aveugle et muet. En apprenant cette nouvelle, les pharisiens attribuèrent ce miracle à la puissance de Béelzébul. Mt.12 : 22-24

Conclusion

En aucun cas, l'attitude de ces gens ne sera approuvée. Mais si voulez avoir un esprit pur, tâchez de reconnaitre votre image dans cette nomenclature de Paul dans Philippiens.4 : 8

Que tout ce qui est vrai, honorable, juste, pur, aimable, vertueux et digne de louange soit l'objet de vos pensées.

Questions

1. Citez dans la leçon trois formes de cruauté manifestées chez les hommes.
   La traitrise, la tyrannie et le blasphème.

2. Faites un détail sur la traitrise.
   La personne vous « griffe » comme aurait fait le chat si vous dépassez les bornes.

3. Elle vous abuse parce qu'elle prend votre douceur pour de la faiblesse.

4. Faites un détail sur la force tyrannique ?
   La personne use de la force brutale pour s'imposer et punir.

5. Donnez un exemple de la cruauté par le blasphème.
   Toute une foule applaudit Jésus à la suite d'un miracle de guérison. Les pharisiens attribuèrent ce miracle au pouvoir de Béelzébul.

6. Que faire pour avoir un esprit pur ?
   Méditez sur Philippiens 4 : 8
   Que tout ce qui est vrai, honorable, juste, pur, aimable, vertueux et digne de louange soit l'objet de vos pensées.

Leçon 12
La possession de l'esprit impur et ses conséquences

Textes de base : Jg. 16 :20-21 ; Ps. 18 :7 ; Mt. 17 : 21 ; Jn. 3 : 14-15 ; Ro. 7 : 15 ; 8 :14 ; 1Jn.1 : 9 ; Ap. 1 :5 ; 2 : 5 ; 3 :20
Texte à lire en classe : Ro. 8 : 14-17
Verset de mémoire : Et il se réveilla de son sommeil, et dit: Je m'en tirerai comme les autres fois, et je me dégagerai. Il ne savait pas que l'Éternel s'était retiré de lui. Jg. 16 :20b
Méthodes : Discours, comparaisons, questions
But : Vous garder à tout prix de l'esprit impur

Introduction
Est-il concevable qu'un enfant de Dieu soit possédé par un esprit impur ? Comment a eu lieu une telle possession ?

I. **Voyons-en le mécanisme :**
   1. L'Esprit de Dieu habite en notre esprit quand nous lui en donnons accès. Ap. 3 :20
   2. Alors, il contrôle les émotions de notre âme et nous permet d'agir selon la volonté de Dieu. Ro.8 :14
   3. Au moment où nous cessons de veiller et de prier, Satan passe par notre corps pour envahir notre âme et écarter par ainsi le Saint Esprit de notre cœur. Jg.16 :20

N'étant pas un robot, l'homme a la volonté libre pour agir. Mais dans la détresse, il doit invoquer Dieu. Ps.18 :7

II. **Autrement voici sa nouvelle situation**
   1. Le péché s'installe en lui. Il devient esclave du malin, et se dispose à désobéir à Dieu : Jg.16 :21
   2. Les fluides négatives l'envahissent. Le péché infecte sa vie. Ro.7 :15
   3. Le Diable l'aveugle et le mène où il veut, comme il en avait fait pour Samson. Jg. 16 :21

III. **Comment peut-on se dégager de son influence ?**
   1. A quelle que soit la distance, appelez Jésus. Jn.3 : 14-15
   2. Soyez conscients de votre chute et confessez vos erreurs. 1Jn.1 : 9 ; Ap. 2 : 5
   3. Il faut rendre témoignage de la délivrance acquise au Calvaire par la vertu du sang de Jésus-Christ. Ap.1 :5b
   4. Il faut vivre de jeûne et de prière. Mt. 17 :21

Conclusion

Seuls ceux qui ont le cœur pur verront Dieu. Que l'esprit impur soit chassé de votre âme et que Jésus y règne en maitre.

Questions

1. Comment expliquer qu'un enfant de Dieu soit possédé d'un esprit impur ?
   a. L'Esprit de Dieu habite en nous avec notre consentement.
   b. Alors, il contrôle nos émotions et nous permet d'agir selon la volonté de Dieu.
   c. Au moment où nous cessons de veiller et de prier, Satan passe par notre corps pour envahir notre âme et écarter par ainsi le Saint Esprit de notre cœur.

2. Qu'arrive-t-il si nous n'invitons pas l'Esprit de Dieu dans notre vie ?
   a. Le péché s'installe en nous.
   b. Nous devenons esclave du malin.
   c. Notre vie spirituelle est infectée.
   d. Satan prend ses droits sur nous pour faire de nous ce qu'il veut.

3. Comment peut-on se dégager de son influence ?
   a. Appelez Jésus comme avocat.
   b. Soyez conscient de votre chute pour confesser vos péchés.
   c. Vivez dans le jeûne et la prière.

Récapitulation des versets

1. Là-dessus arrivèrent ses disciples, qui furent étonnés de ce qu'il parlait avec une femme. Toutefois aucun ne dit : Que demandes-tu ? ou: De quoi parles-tu avec elle? Jn. 4 : 27a

2. Ayant vu Jésus de loin, il accourut, se prosterna devant lui. Mc. 5 :6

3. Que chacun se tienne en garde contre son ami, Et qu'on ne se fie à aucun de ses frères ; Car tout frère cherche à tromper, Et tout ami répand des calomnies. Je. 9 :4

4. Cependant Juda disait : Les forces manquent à ceux qui portent les fardeaux, et les décombres sont considérables ; nous ne pourrons pas bâtir la muraille. Ne. 4 :10

5. Mais Jésus, sans tenir compte de ces paroles, dit au chef de la synagogue : Ne crains pas, crois seulement. Mc. 5 : 36

6. Mais cette sorte de démon ne sort que par la prière et par le jeûne. Mt. 17 :21

7. Je lui parle bouche à bouche, je me révèle à lui sans énigmes, et il voit une représentation de l'Éternel. Pourquoi donc n'avez-vous pas craint de parler contre mon serviteur, contre Moïse ?

7. Les péchés de certains hommes sont manifestes, même avant qu'on les juge, tandis que chez d'autres, ils ne se découvrent que dans la suite. 1Ti. 5 : 24

9. Qu'on n'entende ni paroles déshonnêtes, ni propos insensés, ni plaisanteries, choses qui sont contraires à la bienséance ; qu'on entende plutôt des actions de grâces. Ep. 5 : 4

10. Les esprits impurs, quand ils le voyaient, se prosternaient devant lui, et s'écriaient : Tu es le Fils de Dieu.

11. Au reste, frères, que tout ce qui est vrai, tout ce qui est honorable, tout ce qui est juste, tout ce qui est pur, tout ce qui est aimable, tout ce qui mérite l'approbation, ce qui est vertueux et digne de louange, soit l'objet de vos pensées. Ph.4 :8

12. Elle dit alors : Les Philistins sont sur toi, Samson ! Et il se réveilla de son sommeil, et dit : Je m'en tirerai comme les autres fois, et je me dégagerai. Il ne savait pas que l'Éternel s'était retiré de lui. Jg. 16 :20

LA TORCHE DES TORCHES

Volume 21 - Série 4

PAR L'OPERATION DU SAINT ESPRIT

Avant-Propos

Si toute maison attend en général un locataire pour l'habiter et si tout véhicule attend un chauffeur pour le piloter, quant à l'homme, il doit s'attendre au ciel pour fonctionner. Voilà où commence le rôle du Saint-Esprit. Donnons-lui toute la latitude pour agir en nous dans sa toute capacité surtout dans la méditation de cet ouvrage.

Pasteur Renaut Pierre-Louis

Leçon 1
L'opération du St Esprit
pour créer la vie sur la planète

Textes de base : Ge. 1 :1-3, 14-19 ; Jn.1 : 1-3 ; 8 :12 ; 11 :9 ; 16 : 8, 13-14 ; 1Co.2 :10
Texte à lire en classe : Jn. 8 : 1-12
Verset de mémoire : La terre était informe et vide : il y avait des ténèbres à la surface de l'abîme, et l'esprit de Dieu se mouvait au-dessus des eaux. Ge. 1 : 2
Méthodes : Discours, comparaisons, questions
But : Voir l'action de L'Esprit dans la création.

Introduction
Le Dieu trinitaire a décidé de mettre la planète en chantier. Quelle était sa condition première et quel est son devenir ? Ecoutons l'histoire biblique.

I.   La Terre n'était pas habitable.
   1. Elle était tohubohu, informe et vide. Ge.1 :2
   2. Le globe entier était submergé. On ne pouvait y distinguer même les sommets des plus hautes montagnes. Ge. 1 : 2
   3. Il y avait des ténèbres à la surface de l'abime. Ge. 1 :2

II. Comment le savons-nous ?
   1. L'Esprit de Dieu se mouvait au-dessus des eaux pour une inspection générale. Ge. 1 :2
   2. A partir de son rapport, une décision souveraine était prise. Laquelle ?

III. « Que la lumière se manifeste !»
Cette lumière n'est pas le soleil ni la lune non plus qui n'apparaissent qu'au quatrième jour, c'est-à-dire après des millions d'années. Ge.1 : 14-19
1. J'entends Jésus qui dit : « Je suis la lumière du monde ». Jn.8 :12
2. Jean appuie cette déclaration en disant « **Dieu est lumière** et il n'y a point en lui de ténèbres, partant, **il ne laisse pas d'ombre après lui.** 1Jn.1 : 5
3. Jésus est **la véritable lumière** qui, en venant dans le monde, **éclaire** tout homme. Jn.1 :9
4. Mais il appartient au Saint-Esprit de **pénétrer** tout homme. Jn.16 :8
5. Le Saint-Esprit puise en Jésus le message à nous annoncer. Jn.16 : 14
6. Son devoir est de nous conduire dans toute la vérité. Jn.16 :13
7. Il n'est pas **plus lumière que Jésus, la lumière du monde. Jn.8 :12**

Conclusion
Acceptez que le Saint-Esprit qui sonde tout, même les profondeurs de Dieu, exerce son pouvoir en vous. 1Co.2 :10

Questions

1. Quel était au départ, le plan de Dieu pour la planète terre ?
   Il voulut la rendre habitable.

2. Quel était son état premier ?
   a. Informe et vide
   b. Submergée et couverte de ténèbres.

3. Comment le savons-nous ?
   D'après le rapport d'inspection du Saint-Esprit.

4. Quelle était la décision prise en conséquence dès le premier jour ?
   Que la lumière se manifeste.

5. Quand apparaissent le soleil et la lune ?
   Au quatrième jour.

6. Comment Jésus se nomme-t-il ?
   La lumière du monde, la véritable lumière.

7. Le camera du Saint-Esprit est sur vous maintenant, que peut-il détecter ?
   Tout

Leçon 2 - L'Esprit d'invention pour toutes sortes d'ouvrages

Textes de base : Ex. 31 : 2-6 ; Jg. 13 : 5, 16 ; 25 ; Je. 1 :5 ; Ep.3 :20
Texte à lire en classe : Ex. 31 : 1-6
Verset de mémoire : Je l'ai rendu capable de faire des inventions, de travailler l'or, l'argent et l'airain Ex. 31 : 4
Méthodes : Discours, comparaisons, questions
But : Montrer comment l'Esprit de Dieu distribue des dons aux hommes selon sa volonté.

Introduction
Tout homme est préprogrammé par l'esprit qui va l'incarner. Dieu l'a fait ainsi pour son bon plaisir en vue de développer la planète et d'y créer la diversité. Voyons les répartitions :

I. Il concède le don exceptionnel de l'Esprit pour le développement de la technologie.
   1. Il choisit Betsaleel et il le remplit de l'Esprit de Dieu, de sagesse, d'intelligence et de savoir
     a. Pour toutes sortes d'ouvrages. Ex.31 : 2-4
     b. Pour le rendre capable de faire des inventions. Ex.31 : 4
   2. Il choisit Oholiab pour son associé vu son habilité. Ex. 31 : 6

II. Son don exceptionnel pour la performance militaire
   1. Il prépara Samson dès le ventre de la femme de Manoa, pour débuter l'émancipation d'Israël de la main des philistins. Jg.13 :5

2. Dieu le bénit et l'Esprit de l'Eternel commença à l'agiter à Machane-Dan. Jg.13 :25
3. Sa force était surhumaine. Jg. 15 :16

III. **Son don prophétique pour l'exercice d'une autorité absolue sur des nations**
Dieu a choisi Jérémie pour cette tâche et lorsque celui-ci s'excuse en disant qu'il est un enfant, écoutez ce que l'Eternel lui répond :
Avant que je t'aie formé dans le sein de ta mère, je te connaissais... je t'avais consacré, je t'avais établi prophète des nations. Je. 1 : 5

Conclusion
L'Esprit est cette puissance qui agit en nous pour faire au-delà de ce que nous demandons ou pensons. Obéissons à sa voix. Ep.3 :20

Questions
1. Par quel pouvoir l'homme arrive-t-il à faire des inventions ? Par l'opération du Saint-Esprit

2. D'où était venu la force extraordinaire de Samson ? Du Saint-Esprit

3. Qui a accordé le don prophétique au petit Jérémie ? Le Saint-Esprit

4. Qu'est-ce-qui était étonnant pour Jérémie ? L'esprit qui devait le diriger, existait avant sa mère.

5. Où Dieu met-il cet esprit maintenant ? En nous

Leçon 3
La Shekinah

Textes de base : Ex. 13 : 21-22 ; 14 : 16-20 ; No 9 : 15-23 ; 12 : 1-10 ; Ps. 121 : 1-6 ; Lu.1:35; Jn. 16 :13
Texte à lire en classe : No.9 : 15-23
Verset de mémoire : Quand la nuée s'élevait de dessus la tente, les enfants d'Israël partaient ; et les enfants d'Israël campaient dans le lieu où s'arrêtait la nuée. No.9 :17
Méthodes : Discours, comparaisons, questions
But : Exalter la présence du Dieu-Providence auprès de son peuple

Introduction
Tous mes compliments à la météo pour ses renseignements sur les variations atmosphériques. Mais, pourra-t-elle aller plus loin ? Allons à la Bible pour le savoir.

I. **L'œuvre de la Shekinah**
   1. La Shekinah c'est la manifestation de la gloire de Dieu aux yeux de son peuple.
      Les Hébreux l'ont expérimentée à la sortie d'Egypte. Ex.13 :21-22
      a. Elle les guidait et les rendait invisible aux yeux des ennemis. Ex.14 : 20
      b. C'était **le jour, une colonne de nuée et la nuit une colonne de feu.** Avec ces deux formes de manifestation, ils sont préservés de la chaleur ardente du Désert et de l'attaque imprévue des ennemis et des bêtes sauvages. Ex. 13 :22 ; No.9 :15-16

II. **L'horaire de la Shekinah**
1. Le peuple levait le camp quand la nuée s'élevait. Il campait quand et où elle s'arrêtait. No. 9 : 17
2. Autrement, la chaleur du Désert les aurait exposés à la lèpre. L'Eternel punissait Marie, la sœur de Moise, par la lèpre pour punir son racisme et son préjugé. No.12 : 1, 10

III. **La Shekinah du point de vue spirituelle**
C'est la puissance du Saint-Esprit pour nous guider chaque jour dans toute la vérité. Jn. 16 : 13 Josué en était conscient et voulut persuader les enfants d'Israël de braver les géants d'Anak parce qu'ils n'avaient pas cette **ombre** pour les couvrir. No.14 :9 ; Lu.1 :35

Conclusion
Reconnaissez l'influence du Saint-Esprit dans toutes vos activités (*carrière, business, mariage etc...*) Ainsi l'Eternel vous gardera du début jusqu'à la fin. Ps.121 :6

Questions

1. Qu'est-ce-que la Shekinah ?
   C'est la manifestation visible de la gloire de Dieu.

2. Quel était son rôle ?
   Etre une colonne de nuée pendant le jour pour atténuer la chaleur du Désert et une colonne de feu pendant la nuit pour protéger le peuple de toute agression.

3. Quel était l'horaire de la Shekinah ?
   Le peuple ne pouvait se déplacer ni s'arrêter sans sa permission. Autrement, il serait frappé de lèpre.

4. Que symbolise la Shekinah ?
   La puissance du Saint Esprit pour nous conduire dans toute la vérité et nous préserver de toute chute.

5. Quel en est le profit ?
   Dieu gardera notre départ et notre arrivée, c'est-à-dire le début et l'achèvement dans nos affaires.

Leçon 4
Le maquillage par le Saint-Esprit

Textes de base : Est. 2 : 1-18 ; 5 : 1-8 ; 8 : 7-10 ; Ez. 3 : 1-27
Texte à lire en classe : Ez. 3 : 1-9
Verset de mémoire : Voici, j'endurcirai ta face, pour que tu l'opposes à leur face ; j'endurcirai ton front, pour que tu l'opposes à leur front. Ez. 3 : 8
Méthodes : Discours, comparaisons, questions
But : Montrer comment la beauté spirituelle l'emporte sur la beauté physique

Introduction
Si vous voulez avoir une toilette de style, laissez-moi vous amener à un studio de qualité.

I. **Pour les garçons, voyez Ezéchiel. Ez. 3 : 7-9**
   1. Demandez-lui pourquoi son front était durci. Ez. 3 : 7
   Il vous répondra :
   2. C'est Dieu qui m'a **maquillé** ainsi. Il m'a établi prophète dans la diaspora babylonienne, pour les enfants d'Israël. Ez. 3 : 4
      a. Dieu sait d'avance qu'ils ne vont pas m'écouter parce qu'ils ont un front dur et un cœur endurci par la méchanceté et l'incrédulité. Ez. 3 : 7
      b. Voilà pourquoi il m'a donné un front dur comme un diamant, plus dur que le roc pour ne pas les craindre. Ez. 3 : 9

II. **Pour les filles, êtes-vous déjà au studio avec Esther ?**
   1. Oui. On n'y trouve rien d'extravagant parce qu'elle était très sobre dans le choix de ses produits cosmétiques. Est. 2 : 12, 15
   2. Elle devait attendre d'être appelée par le roi qui va sélectionner une reine parmi 127 candidates. Esther fut appelée le dixième mois soit 300 jours après la présentation de 126 vedettes. Pourtant, le roi l'aimait plus que toutes les autres jeunes filles.
   3. Il mit la couronne royale sur sa tête et la fit reine à la place de Vasthi. Est. 2 : 17

III. **Réflexion :**
   Esther fortifiait son âme plus que son corps. Voilà le secret de sa force pour conquérir le cœur d'un roi et amener la révocation d' un premier ministre !
   Est. 4 :16 ; 7 : 7-10

Conclusion

Soyez naturels. Acceptez que Dieu vous donne son propre maquillage. Son toucher vous donnera cette beauté spirituelle qui mettra le monde à vos pieds.

Questions

1. Dites ce que vous savez du maquillage d'Ezéchiel. Dieu lui a donné un front plus dur que le diamant.
   a. Parce qu'il devait présenter le message de l'Eternel aux enfants d'Israël.
   b. Ce peuple va résister à son message.

c. Le front dur d'Ezéchiel était un maquillage de l'Eternel pour que son prophète ne soit pas intimidé par leur méchanceté et leur incrédulité.

2. Quel est le témoignage qu'une jeune fille peut rendre sur la beauté d'Esther ?
   a. Elle préférait une toilette simple.
   b. Elle était très discrète et attendait patiemment l'appel du roi.

3. Quel en fut le résultat ?
   a. Elle était appelée le dixième mois.
   b. Elle était lauréate sur 126 candidates.
   c. Elle fut élue reine à la place de Vasthi.

4. Qu'est-ce-qui lui a valu cette victoire ?
   Elle soignait sa beauté physique et surtout sa beauté spirituelle dans le jeûne et la prière.

5. Vrai ou faux
   a. Ezéchiel avait des atouts dans le gouvernement pour réduire le peuple.
   __ V __ F
   b. Ezéchiel avait le Saint-Esprit avec lui. _V _ F
   c. Esther savait jeûner et prier. __ V __ F
   d. La beauté spirituelle d'Esther l'emportait sur les 126 candidates. __ V __ F
   e. Le Saint-Esprit a maquillé Esther pour lui donner la victoire. __ V __ F

Leçon 5
Le transfert de l'Esprit de Dieu

Textes de base : 1S.9 : 20 ; 10 : 6-9 ; 9 :20 ; 10 :8 ; 13 : 8-14 ; 16 : 8, 11-14 ; 13 : 13-14 ; 17 : 50 ; 18 : 14-15 ; 22 :1,23 ; 28 :26
Texte à lire en classe : 1S. 16 : 12-16
Verset de mémoire : L'esprit de l'Éternel saisit David, à partir de ce jour et dans la suite. Samuel se leva, et s'en alla à Rama.1S. 16 : 13b
Méthodes : Discours, comparaisons, questions
But : Avertir les chrétiens de ne pas badiner avec le Saint-Esprit.

Introduction
Si vous croyez que le Saint Esprit est le monopole d'un homme ou d'une nation, l'histoire de Saul et de David va vous faire changer d'avis. Qui étaient-ils ?

I. **Saul, un homme qualifié devenu disqualifié.**
   1S. 9 :20 ; 10 :6-9
   1. Oint premier roi d'Israël, il **précipita** sa chute en se posant comme prophète pour offrir le sacrifice à l'Eternel. 1S.13 : 8-12
   2. L'Eternel l'a révoqué. 1S. 13 : 13-14

II. **David, un homme disqualifié devenu qualifié.** 1S. 16 : 11-14.
   1. Lorsque l'Eternel envoya le prophète Samuel chez Isaï pour lui choisir un roi parmi ses fils, aucun d'eux n'était qualifié. 1S.16 :6-8

2. Pourtant le favori de Dieu était David, un simple berger, un musicien que son père avait disqualifié. On l'a fait chercher de la bergerie. 1S. 13 : 14 ; 16 : 12
L'Eternel **transféra** sur lui l'esprit qui était sur Saül et dès lors, ce roi destitué est animé d'un mauvais esprit venant de l'Eternel. 1S.16 : 13-14

III. **Quelles furent les preuves de ce transfert ?**
1. D'une pierre, l'Esprit de Dieu en David abattit le Géant Goliath. 1S. 17 : 50
2. Ces frères qui le disqualifiaient ont finalement déserté l'armée de Saul pour le rejoindre.
1S. 17 : 25-28 ; 22 :1
3. Il était tellement sûr de l'opération du Saint Esprit dans sa vie qu'il disait à Abiathar que « près de lui, il sera bien gardé ». 1S.22 :23
4. David réussissait partout où Saül a échoué. 1S.18 :14-15 ; 28 :26

Conclusion
Dès aujourd'hui, déposez au pied du Seigneur votre savoir, votre avoir, votre pouvoir, toutes ces sandales qui vous donnent une hauteur. Alors, et alors seulement son Saint-Esprit vous qualifiera.

Questions

1. Qui était Saul ?
   Le premier roi en Israël.

2. Pourquoi l'Eternel l'avait-il révoqué ?
   a. Parce qu'il voulut agir comme prophète.
   b. Dieu lui a préféré un homme selon son cœur.

3. Qui était-il ?
   a. David, un jeune berger.
   b. Il aimait louer l'Eternel.

4. Quelle faveur trouva-t-il devant l'Eternel ?
   L'Eternel transféra sur lui l'esprit qui était sur Saul.

5. Quelles furent les preuves de ce transfert ?
   a. D'une pierre il tua le géant Goliath
   b. Ses frères désertèrent l'armée de Saul pour le suivre.

6. Quand l'Esprit Saint se dispose- t-il à qualifier quelqu'un ?
   Quand vous acceptez de vous abaisser.

Leçon 6
L'Esprit de Dieu pour mater une insurrection

Textes de base : Ge. 35 :22 ; 49 : 3-4 ; No.16 : 1-15, 32-49 ; Ps. 16 : 8-9
Texte à lire en classe : No. 16 : 1-7
Verset de mémoire : Il se plaça entre les morts et les vivants, et la plaie fut arrêtée No.16 : 48
Méthodes : Discours, comparaisons, questions
But : Nous apprendre à dépendre totalement de Dieu dans les affaires qui nous dépassent.

Introduction
Rien n'est plus angoissant que d'avoir ses propres compatriotes associés à des étrangers pour vous persécuter. Le cas de Moïse en plein désert du Sinaï en est un.

I. **Quelle en était la situation ?**
Koré, Dathan, Abiram et On gagnèrent à leur cause deux-cent cinquante principaux leaders d'Israël pour renverser Moise. Pourquoi ?
1. Par jalousie de famille : Koré était comme Moise de la tribu de Lévi. Ainsi, il avait l'ambition du pouvoir. No. 16 :1, 7-10
2. Par jalousie de rang : Dathan, Abiram et On, sont les descendants de Ruben. No.16 : 13
Ils ne pourront jamais gouverner en Israël parce que Jacob avait enlevé à Ruben son droit d'ainesse pour avoir couché avec Bilha, sa concubine.
Ge.35 :22 ; 49 : 3-4

II. **Comment cette haine se manifeste-t-elle ?**
Ils voulurent pousser Moïse à signer sa démission. No.16 : 2-3

III. **Comment Moïse réagissait-il devant l'opposition ?**
1. Il tomba sur son visage. No.16 :4
2. Il leur donna rendez-vous devant l'Eternel, mais ils refusèrent toute négociation. No.16 : 12
3. Moïse dénonça l'incompétence de Koré pour le sacerdoce. No.16 : 7-10
4. Il prit Dieu à témoin qu'il ne recevait d'eux aucun salaire. No.16 : 15

IV. **Comment Dieu a-t-il réagi ?**
1. Les grévistes et leur famille doivent se tenir seul devant leur maison et leurs biens. No.16 :23-24
2. Dieu ouvrit la terre qui les engloutit tous. No.16 :32
3. Quatorze mille mécontents subirent le même sort. No.16 : 41,49
4. L'intercession d'Aaron devant l'Eternel a sauvé le reste. No.16 : 47-48

Conclusion
Avant de persécuter un enfant de Dieu, regardez si Jésus n'est pas à sa droite. Ps. 16 : 8

Questions

1. Qu'est-ce-qui est plus angoissant pour un leader ? C'est d'avoir ses propres parents dans le camp de l'ennemi.

2. Dans quelle situation naviguait Moïse ? Koré, un lévite, de la même tribu que Moise, s'associait à Ruben et deux-cent cinquante membres d'un comité pour renverser Moise.

3. Que fit Moise ?
   a. Il tomba sur son visage et leur donna rendez-vous devant l'Eternel.
   b. Il dénonça l'incompétence de Koré pour la fonction sacerdotale.
   c. Il prend Dieu à témoin qu'il n'a reçu d'eux aucun salaire.

4. Pourquoi les descendants de Ruben n'étaient-ils pas qualifiés ? Parce que Ruben leur père, perdit le droit d'ainesse pour avoir couché avec Bilah, la concubine de son père.

5. A quoi voulurent-ils tous aboutir ? A la démission de Moise.

6. Quelle était la réaction de Dieu dans cette révolte ?
   a. Il ouvrit la terre pour engloutir les rebelles, leur famille et leurs biens.
   b. Quatorze mille mécontents subirent le même sort.
   c. L'intercession d'Aaron a sauvé le reste.

7. Quel conseil peut-on donner aux opposants ?

Avant de persécuter un enfant de Dieu, ils doivent regarder si Jésus n'est pas à sa droite.

Leçon 7
Le Saint-Esprit et le protocole de l'adoration

Textes de base : Le. 8 : 1-36 ; 9 : 1-24 ; 10 : 1-20
Texte à lire en classe : Le. 10 : 1-7
Verset de mémoire : Alors le feu sortit de devant l'Éternel, et les consuma : ils moururent devant l'Éternel. Le. 10 : 2
Méthodes : Discours, comparaisons, questions
But : Mettre les chrétiens en garde contre la négligence dans la manière d'adorer Dieu.

Introduction
Quiconque se moque du Saint-Esprit le fait à ses dépens. Deux neveux de Moïse périrent soudainement pour l'avoir désobéi.

I. Quel en était le scénario ?

Moise transmettait à Aaron et aux sacrificateurs, fils d'Aaron, les instructions de Dieu sur le protocole de la consécration. Moise les observait à la lettre. La cérémonie était publique. Le. 8 : 17, 21

1. Pendant les sept jours sous l'onction, ces sacrificateurs ne pourront sortir de la tente d'assignation. Le. 8 : 33

   Au huitième jour, après la présentation de leurs sacrifices, le feu sortit de devant l'Eternel et consuma l'holocauste et les graisses sur l'autel.

   Tout le peuple le vit et ils poussèrent des cris de joie, et se jetèrent sur leur face. Le.9 :23-24

II. **Comment moururent Nadab et Abihu ?**
1. Ils prirent un brasier, y mirent **le feu** et posèrent leur parfum dessus pour le présenter à l'Eternel. Où est le sacrifice d'expiation ? Où est l'holocauste ? Où est le bélier pour le sacrifice d'actions de grâces ? **L'essentiel manquait !** Le. 10 : 1
2. Le protocole n'a pas été respecté. Dieu le désapprouve. Leur acte charnel mit Dieu en colère. Il les tua à l'instant. Le. 10 : 2

III. **Quelles en ont été les conséquences ?**
1. Aaron ne pouvait laisser la tente d'assignation pour assister à leurs funérailles parce que le délai de l'onction n'était pas expiré. Le. 10 : 7
2. Moise ordonna à deux autres membres de la famille de s'en charger. Le. 10 : 4
3. Personne n'a le droit de manifester son mécontentement. Le. 10 : 6

Conclusion
Dieu rejette toute adoration artificielle. Soyons sages.

Questions

1. Quel est le but de cette leçon ? Mettre les chrétiens en garde contre toute adoration artificielle.

2. Quelles étaient les recommandations de l'Eternel à Moise pour les services d'adoration ?
   a. Il faut un sacrifice d'expiation.
   b. Il faut un holocauste présenté suivant les prescriptions de l'Eternel.
   c. Il faut un bélier pour le sacrifice d'actions de grâces.
   d. Ils doivent rester pendant sept jours dans la tente d'assignation.

3. Pourquoi l'Eternel a-t-il tué Nadab et Abihu ?
   a. Ils sont venus devant l'Eternel avec leur propre feu.
   b. Le protocole n'a pas été respecté.

4. Quelles en ont été les conséquences immédiates ?
   a. Aaron ne pouvait assister aux funérailles de ses deux garçons parce que le délai de l'onction n'était pas expiré.
   b. Personne ne devait manifester son mécontentement.

5. Quelle leçon pouvons-nous en tirer aujourd'hui ?
   a. Nous devons respecter les principes établis par Dieu pour l'adorer.
   b. Nous devons venir avec l'essentiel et non avec les forces de la chair.

Leçon 8
Le match spirituel

Textes de base : Job. 1 : 1-22 ; 2 : 1-9 ; 8 : 4 ; 33 :33 ; chap 38 à chap 41 ; 42 : 1-17
Texte à lire en classe : Job 1 : 13-22
Verset de mémoire : Je suis sorti nu du sein de ma mère, et nu je retournerai dans le sein de la terre. L'Éternel a donné, et l'Éternel a ôté ; que le nom de l'Éternel soit béni ! Job.1 :21
Méthodes : Discours, comparaisons, questions
But : Montrer comment Dieu peut permettre à Satan de s'incarner dans des hommes ou des situations pour éprouver votre foi.

Introduction
L'équipe de Satan aux maillots noirs et celle de Job aux maillots blancs, voilà un match intéressant ! Cher ami, gardez votre siège.

I. **Alignons les joueurs.**
   1. L'équipe aux maillots noirs : Satan capitaine de l'équipe, les trois amis de Job et la femme de Job.
   2. L'équipe aux maillots blancs : L'Eternel et Job.

II. **Première mi-temps : Satan mène par quatre buts à un (4-1)**
   Satan attaque Job dans ses biens :
   1. Des bandits ont volé ses bœufs et ses ânesses et ont tué ses serviteurs. Job. 1 : 14-15
   2. La foudre a emporté son menu bétail et ses serviteurs. Job 1 : 16

3. Trois bandes armées ont volé ses chameaux et tué ses serviteurs. Job. 1 :17
4. Ses futurs héritiers périrent dans un cyclone. Job. 1 : 19
5. *Job bénit Dieu malgré tout.* Job. 1 : 21-22

III. **Deuxième mi-temps. Le score est d'un but partout (1-1)**
Satan s'incarne dans la femme de Job pour éprouver sa foi.
1. Elle lui propose le suicide après avoir maudit Dieu. Job. 2 : 9
2. *Job résista.* Job. 2 :10

IV. **Troisième mi-temps. Le score est de deux à un (2-1) en faveur de Job**
1. Satan s'incarne dans ses plus chers amis pour le torturer par des paroles cruelles et des insinuations malveillantes.
Job.8 :4 ; 20 :4 ; 33 :33
2. *Job résista en soutenant que son châtiment vient de Dieu. Job. 19 : 6, 21*
3. *Il croit en sa miséricorde pour le relever. Job. 19 : 25*

V. **Quatrième mi-temps. Le score est de 2-1 en faveur de Satan.**
Satan s'incarne dans l'entourage de Job pour le mépriser :
1. Ses serviteurs lui refusent tout service. Job. 19 : 16
2. Sa femme le néglige. Job. 19 :17.
3. *Job garde la foi. Job.19 :26*

VI. La décision du jury
L'Eternel invita Job à un séminaire de formation.
1. Job se repentit quand il a reconnu que ces épreuves étaient voulues par Dieu. Job. 42 : 5-6
2. L'Eternel déclara Satan vaincu parce qu'il a usé de mensonge et de cruauté pour détruire Job. Job. 38 à 41
3. Il demanda à Job de pardonner à ses faux amis.
4. *En guise de trophée, Job reçut le double de ce qu'il avait perdu.* Job. 42 :12-14

Conclusion
Restez dans le camp de Dieu. Le Diable doit certainement jouer perdant.

Questions
1. A quel match allons-nous assister aujourd'hui ?
   L'équipe de Satan contre l'équipe de Job.

2. Alignez les joueurs s'il vous plait.
   Equipe aux maillots noirs : Satan capitaine de l'équipe, les trois amis de Job et la femme de Job.
   Equipe aux maillots blancs : L'Eternel et Job.

3. Donnez-nous le reportage du match
   Première mi-temps : Satan mène par quatre buts à un.
   a. Job perdit sa grande entreprise
   b. Il perdit sa petite entreprise
   c. Il perdit son matériel de travail
   d. Il perdit ses futurs héritiers
   e. *Il n'a pas perdu la foi*

4. Deuxième mi-temps : Un but partout.
   a. Sa femme lui demande de déclarer forfait.
   b. Job a gardé la foi

5. Troisième mi-temps : 2 à 2
   a. Satan s'incarne dans les meilleurs amis de Job pour le torturer par des paroles cruelles.
   b. Mais Job réagit en se fiant en la miséricorde Dieu

6. Quatrième mi-temps : deux contre un (2-1) en faveur de Satan.
   a. Son entourage le méprise spécialement sa femme.
   b. Ses serviteurs lui refusent tout service.
   c. Job garde la foi

7. Quelle était la décision du jury ?
   L'Eternel a accordé la victoire à Job
   a. Parce que Satan a triché. Les amis de Job avaient utilisé le mensonge comme arme de destruction.
   b. Job reçut son trophée de victoire avec au double tous les biens qu'il avait perdus.

Leçon 9
Le Saint Esprit dans l'établissement de l'Eglise

Textes de base : Es. 45:14; 61 :1 ; Je. 20:7; Jon. 2: 1,11; 3: 1-3; Jn.6 : 12 ; Ac. 2 :38 ; 5 : 41 ; 8 : 18-20 ; 13 :2 ; 16 :6 ; 19 :13-16 ; 1Co. 6 :19 ; 12 : 7-11, 28 ; Ep.1 :13 ; 1Th.1 : 6 ; He.1:1; 2Pi.1 :21
Texte à lire en classe : 1Co. 12 : 7-11
Verset de mémoire : Or, à chacun la manifestation de l'Esprit est donnée pour l'utilité commune.1Co. 12 :7
Méthodes : Discours, comparaisons, questions
But : Dire qui doit gouverner dans nos assemblées

Introduction
C'est poussés par l'Esprit que des hommes ont parlé de la part de Dieu. 2Pi.1 :21
En vérité, j'aime cette déclaration de Pierre. Quel est donc le rôle du Saint-Esprit ?

I. **Dans l'Ancien Testament**
Il opère par des visions dans le prophète qui devait dire : « Ainsi parle l'Eternel »
Es.61 : 1 ; 45 : 14 ; He. 1 :1
1. Jérémie dira : « Tu m'as persuadé et je me suis laissé persuader. Je.20 :7
2. Jonas cherchait en vain à se dérober aux ordres de l'Esprit. Jon.2 : 1, 11 ; 3 : 1-3

II. **Dans le Nouveau Testament**
1. Il loge dans le chrétien pour ses opérations. 1Co.6 : 19
2. Il distribue **douze dons** à l'Eglise pour l'utilité commune. 1Co.12 : 7-11, 28

Ce sont prophétiquement, les **douze paniers** restant de la multiplication des pains, afin que rien ne se perde. Jn. 6 :12
3. De concert avec l'Eglise, il choisit les missionnaires. Ac. 13 :2
4. Il met un sceau de distinction sur le chrétien. Ep.1 :13
5. Il l'anime de joie même au milieu des tribulations. Ac.5 :41 ; 1Th.1 :6
6. Il peut même dévier son plan. Ac.16 :6

III. Conditions d'opérations
1. Il n'est pas en vente comme le croyait Simon le magicien. Ac.8 : 18-20
C'est un don de Dieu accordé aux croyants. Ac.2 :38
2. Ainsi, pour chasser **un mauvais esprit**, il vous faut avoir **le Saint Esprit**. Autrement, Satan va vous avilir comme il en fut des sept fils de Scéva. Ac. 19 : 13-16

Conclusion
Demandons au Seigneur l'esprit de discernement pour ne pas croire aux déguisements.

Questions

1. Comment le Saint-Esprit opérait-il dans l'Ancien Testament ?
A travers les prophètes, par des visions et des songes.

2. Quel est le rôle du Saint-Esprit dans l'établissement de l'Eglise ?
   Le Saint Esprit habite dans le chrétien en vue de multiples opérations.
   a. Il distribue douze dons à l'Eglise pour l'utilité commune.
   b. Il choisit les missionnaires.
   c. Il met un sceau de distinction sur le chrétien.
   d. Il l'anime de joie même au milieu des tribulations.

3. Quelles sont ses conditions d'opération en vous ?
   a. Il vous faut avoir le Saint Esprit pour chasser les mauvais esprits.
   b. Il faut avoir l'esprit de discernement pour ne pas croire au déguisement.

4. Cochez la bonne réponse :
   Pour avoir le Saint-Esprit, il faut :
   a. Crier pendant sept fois « Béni soit l'Eternel »
   b. Parler en langue.
   c. S'habiller tout de blanc
   d. Avoir accepté Jésus comme sauveur.

5. Choisissez la bonne réponse :
   a. Le Saint-Esprit est dans toutes les religions.
   b. Le Saint-Esprit est dans toutes les Eglises.
   c. Le Saint-Esprit est dans le chrétien sanctifié

Leçon 10
Ce que devrait être la fête d'Actions de grâces

Textes de base : Ge. 46 : 1-6 ; Mt.11 :28 ; 1Co.2 : 9 ; Ps. 150 :6 ; Ag. 2 :8 ; 1Co.12 : 11
Texte à lire en classe : Ps. 150 : 1-6
Verset de mémoire : Un seul et même Esprit opère toutes ces choses, les distribuant à chacun en particulier comme il veut. 1Co. 12 : 11
Méthodes : Discours, comparaisons, questions
But : Elargir le cadre de la fête d'Actions de Grâces

Introduction
Quand on est reconnaissant, les appréciations iront à l'infini. La bouche exprime la pensée du cœur et la main traduit la générosité du cœur. Laissez-le parler.

I.   Il est le siège de l'amour
   1. On apprécie par le cœur les bienfaits reçus. Les mots pour les dire doivent être personnels, sincères et significatifs.
   2. Aujourd'hui, la fête d'Actions de Grâces devrait être la fête de tous les peuples.
      a. Un Joseph avait signé un visa collectif pour soixante-dix membres de sa famille en vue de les soustraire de la famine au temps d'une disette mondiale. Ge.46 : 1-6
      b. Le pays des Etats-Unis en a fait écho aujourd'hui. Il devient une terre de refuge mondial pour plusieurs et le geste esquissé par le gouvernement est **le symbole** de l'accueil fait à tous les

pécheurs qui viennent à Christ pour obtenir le salut. Mt.11 :28
3. La reconnaissance doit alors s'exprimer envers notre Dieu pour que tous sachent que le vrai paradis est offert gratuitement à tous ceux qui viennent à Jésus-Christ par la foi. 1Co.2 :9
4. Ainsi tous devraient s'exprimer pour louer Dieu :
   a. A cause de la répartition de ses biens sur la planète.
   b. A cause de la rotation des saisons à travers les différents points du globe en vue de faciliter la production des fruits en tout temps et assurer ainsi la survie de tous. Ps. 150 : 6 ; Ag.2 :8
   c. A cause de la distribution des dons différents à chacun en vue d'offrir à tous la possibilité de servir Dieu et de réussir.
   d. Tout cela par l'opération du Saint-Esprit. 1Co.12 :11

Conclusion

Quelle est votre raison pour la fêter ?

Questions

1. D'où devait partir la fête d'Actions de Grâces ?
   Du cœur des gens reconnaissants.

2. Que pouvait-on attendre des frères de Joseph ?
   Qu'ils montrent leur reconnaissance envers ce frère qui les tirait tous de la misère en Canaan.

3. Que peut-on attendre des chrétiens ?
   Qu'ils montrent leur reconnaissance envers Christ pour un salut gratuit.

4. En général que devrait être la fête d'actions de grâces ?
   Une fête à l'échelle mondiale
   a. Pour louer Dieu pour les biens répartis sur toute la planète
   b. Pour la rotation des saisons en vue de pourvoir les fruits tout au long de l'année
   c. Pour le Saint-Esprit qui distribue les dons différents pour permettre à tous de servir Dieu.

5. Cochez la meilleure réponse :
   a. La fête d'Actions de Grâces est une fête américaine.
   b. C'est une fête de famille.
   c. On doit manger et boire beaucoup à cette fête.
   d. On doit y honorer Dieu par la louange et une offrande d'actions de grâces

155

Leçon 11
La Bible, le livre des livres

Textes de base : Ge. 1 :26-29 ; 6 :20 ; 7 : 9,15 ; 9 :2 ; Ex. 12: 31; 31: 3-5; Ez. 47 :12; Mt. 28: 19-20; Mc. 16: 16-17; He. 1 :1; Ap.5:9
Texte à lire en classe : Mc. 16 : 15-29
Verset de mémoire : Voici les miracles qui accompagneront ceux qui auront cru: en mon nom, ils chasseront les démons; ils parleront de nouvelles langues. Mc. 16 : 17
Méthodes : Discours, comparaisons, questions
But : Faire ressortir l'autorité de la Bible, la Parole de Dieu

Introduction
Un Dieu magnifique créa l'homme magnifique et lui donne un livre magnifique : La Bible !

I. **C'est le livre de l'autorité sur la planète :**
   Dieu avait investi Adam de la souveraineté sur les trois règnes de la nature : Ge. 1 : 26-28
   1. **Le règne animal**
      a. Toutes les bêtes étaient soumises à l'homme ; et quand elles devaient entrer dans l'arche, elles venaient d'elles-mêmes.
         Ge. 6 :20 ; 7 :9, 15
      b. Après le Déluge, elles deviennent sauvages parce que l'homme les chasse pour les manger. L'homme les domine malgré tout. Ge. 9 : 2

2. **Le règne végétal**
   Dieu lui avait donné pour nourriture toute herbe portant de la semence et les feuilles pour ses médicaments. Ge. 1 : 29 ; Ez.47 :12
3. **Le règne minéral**
   Dieu donne à l'homme l'esprit d'invention pour faire toutes sortes d'ouvrages.
   Ex.31 : 3-5
   De l'homme des cavernes à l'homme moderne, les constructions les plus audacieuses sont réalisées grâce à la technologie.

II. **C'est le livre de l'autorité sur les esprits.**
   1. Avec la verge de Dieu en main, Moise amena Pharaon à signer un visa collectif pour plus d'un million d'Hébreux. Ex.12 :31-32
   2. Au nom de Jésus-Christ, les démons sont chassés, des miracles et des prodiges sont réalisés. Mc.16 :16-17

III. **C'est le livre de la révélation**
   Le ciel reste en contact permanent avec l'homme par l'intermédiaire des prophètes, des anges et enfin par Jésus-Christ qui est avec nous tous les jours et toujours.
   Mt. 28 : 19-20 ; He. 1 : 1

Conclusion

Lisez la Bible et méditez-la jour et nuit. C'est le seul livre admis au ciel. Ap.5 :9

Questions

1. Quel est le plus grand livre dans l'histoire des hommes ?
   La Sainte Bible

2. Qu'en aurait dit Adam ?
   a. La Bible c'est le livre de l'autorité sur la planète.
   b. L'homme est investi du pouvoir divin sur le règne animal, le règne végétal et le règne animal

3. Qu'en aurait dit Jésus-Christ ?
   C'est le livre de l'autorité sur les esprits, sur les démons, sur les maladies et sur la mort.

4. Que devrait en dire les chrétiens ?
   C'est le livre de la Révélation. Elle nous dit tout de Dieu et de notre destinée.

5. Pourquoi devons-nous la méditer jour et nuit ?
   C'est le seul livre admis au ciel.

Leçon 12
Ce que nous apprenons des rois mages

Textes de base : Le. 19 : 26 ; Ps. 31 : 16 ; Mt. 2 : 1-11 ; Ep.1 :4
Texte à lire en classe : Mt. 2 : 1-12
Verset de mémoire : Mes destinées sont dans ta main; Délivre-moi de mes ennemis et de mes persécuteurs! Ps. 31 : 16
Méthodes : Discours, comparaisons, questions
But : Inviter l'audience à réfléchir sur la manière d'adorer Jésus.

Introduction
La vie est une école. Nous apprenons de tous et de tout. Voici les mages d'Ur de Chaldée. Ils sont devenus nos professeurs. Que nous apprennent-ils ?

I. D'abord à observer.
1. Ces mages n'étaient pas des rois mais des astrologues. A partir de leurs observatoires ou ziggourats ils ont pu détecter une étoile qu'ils attribuaient à un grand roi. Mt. 2 : 2
2. Par-là, nous déduisons que, si Jésus avait son étoile, chacun en a la sienne. Ainsi, avant même la fondation du monde, Dieu connait les futurs locataires de cette planète et leur destinée. Ps.31 :16 ; Ep.1 :4
3. Ainsi, gardez-vous de consulter le Diable pour en tirer des pronostics. Lev.19 :26

II. Puis, à saisir les opportunités.
1. Dès qu'ils virent l'étoile, ils la suivirent jusqu'au lieu où elle s'arrêta. Mt.2 : 9

2. C'était à Bethléem en Judée. Autant dire qu'ils avaient les yeux fixés en haut pendant plus d'un mois de voyage pour situer l'étoile.
3. Si vous voulez connaitre l'adresse de Jésus, il vous faudra lever les yeux vers le ciel.

III. **Ensuite, à chercher avec prudence.**
1. Puisqu'il s'agit d'un roi, ils croyaient devoir s'enquérir de sa présence à Jérusalem, la capitale.
2. Pourtant, le Sauveur est né à Bethléem, soit à dix kilomètres plus loin. Mt.2 :1-2

IV. **Enfin à apprécier.**
1. Ces mages n'étaient pas chrétiens. Néanmoins, ils adorèrent le Messie et lui offrirent de l'or, de l'encens et de la myrrhe, symboles respectifs de la royauté, de la divinité et des souffrances du Messie confirmées. Mt.2 :11
2. Ils nous apprennent à appuyer notre adoration par une offrande généreuse. Mt.2 :11

Conclusion
Suivez l'exemple des mages.

Questions

1. Quelles sont les quatre leçons à apprendre des mages ?
   a. Ils nous apprennent à observer, à saisir les opportunités,
   b. A chercher avec prudence enfin à apprécier.

2. Que devons-nous déduire de leurs observations ?
   a. Si Jésus a son étoile, chacun doit avoir la sienne.
   b. Dieu connait la destinée de chaque futur locataire de la planète.
   c. Il est inutile de consulter le Diable pour avoir des détails sur votre étoile.

3. Que nous apprennent-ils sur les opportunités ?
   Il faut lever les yeux pour connaitre l'adresse de Jésus, pour être attentifs aux événements.

4. Comment devons-nous chercher quand les informations disponibles sont peu fiables ?
   Nous devons exercer la prudence.

5. D'après les mages comment peut-on apprécier le Seigneur ?
   a. Par des offrandes de valeur que l'on soit chrétien ou non.
   b. Pas d'adoration sans offrandes.

Récapitulation des versets

1. La terre était informe et vide: il y avait des ténèbres à la surface de l'abîme, et l'esprit de Dieu se mouvait au-dessus des eaux. Ge. 1 : 2

2. Je l'ai rendu capable de faire des inventions, de travailler l'or, l'argent et l'airain Ex. 31 : 4

3. Quand la nuée s'élevait de dessus la tente, les enfants d'Israël partaient ; et les enfants d'Israël campaient dans le lieu où s'arrêtait la nuée. No.9 :17

4. Voici, j'endurcirai ta face, pour que tu l'opposes à leur face; j'endurcirai ton front, pour que tu l'opposes à leur front. Ez. 3 : 8

5. L'esprit de l'Éternel saisit David, à partir de ce jour et dans la suite. Samuel se leva, et s'en alla à Rama.1S. 16 : 13b

6. Il se plaça entre les morts et les vivants, et la plaie fut arrêtée No.16 : 48

7. Alors le feu sortit de devant l'Éternel, et les consuma: ils moururent devant l'Éternel.
Le. 10 : 2

8. Je suis sorti nu du sein de ma mère, et nu je retournerai dans le sein de la terre. L'Éternel a donné, et l'Éternel a ôté; que le nom de l'Éternel soit béni! Job.1 :21

9. Or, à chacun la manifestation de l'Esprit est donnée pour l'utilité commune.1Co. 12 :7

10. Un seul et même Esprit opère toutes ces choses, les distribuant à chacun en particulier comme il veut. 1Co. 12 : 11

11. Voici les miracles qui accompagneront ceux qui auront cru: en mon nom, ils chasseront les démons; ils parleront de nouvelles langues.
Mc. 16 :17

12. Mes destinées sont dans ta main; Délivre-moi de mes ennemis et de mes persécuteurs! Ps. 31 : 16

Glossaire

Adage n.m.	Maxime ancienne empruntée au droit coutumier
Alléguer v.t.	Mettre en avant pour servir d'excuse, prétexter
Amour-propre n.m.	Sentiment de sa propre valeur, de sa dignité
Anesthésie n.f.	Insensibilité, indifférence
Aristocrate adj.	Noble, privilégié
Arrière-pensée n.f.	Intention qu'on ne manifeste pas
Artillerie n.f.	Ensemble des bouches à feu, de leur munitions et de leur matériel de transport.
Autodétermination n.f.	Libre choix
Badiner v.i.	Plaisanter
Barreau n.m	Place réservée aux avocats dans un prétoire
Basculer v.t.	Renverser, culbuter
Béelzebul n.m.	Prince des démons
Bigot n.m.	Qui se préoccupe des seules formes extérieures du culte
Biologie n.f.	Science qui étudie la forme, le fonctionnement et la reproduction des êtres vivants
Blasphème nm.	Parole qui insulte violemment la divinité ou qqn chose de respectable.
Boulot n.m.	Travail
Boycottage n.m.	Cessation volontaire de toutes relations commerciales, avec un individu, un groupe, un pays afin d'exercer une pression ou par représailles.
Brandir v.t.	Agiter quelque chose en l'air pour attirer l'attention

Catapulte n.f.	Machine de guerre pour lancer des projectiles
Chanceler v.i.	Vaciller, menace r de tomber
Charogne n.f.	Corps en putréfaction
Claquer v.i.	Produire un bruit sec.
Concéder v.t.	Accorder comme une faveur un droit, un privilège
Contrefaire v.t.	Reproduire de facon ridicule, déformer
Corroyeur n.m.	Tanneur de cuir
Curriculum vitae n.m.	Carrière de la vie
Défouler v.t.	Permette à quelqu'un de libérer son agressivité
Dégradant adj.	Avilissant
Démesure n.f.	Excès
Dénué adj.	Privé, dépourvu de
Dicton n.m.	Sentence populaire qui est passée en proverbe.
Discrimination n.f.	Action d'isoler et de traiter différemment certains individus ou un groupe entier par rapport aux autres.
Dissimulation n.f.	Action de cacher. Duplicité, hypocrisie
Disqualifier v.t.	Perdre tout crédit par sa conduite
Dysménorrhée. n.f.	Menstruation douloureuse
Echanson n.m.	Officier chargé de servir à boire au roi
Enjoindre v.t.	Ordonner
Equation n.f.	Relation, rapport, récit, histoire
Erroné adj.	Faux, inexact équation
Faux-dévot adj.	Hypocrite
Festoyer v.i.	Faire bombance. Prendre part à un festin
Feindre v.t.	Simuler pour tromper.
Fluide adj.	Qui coule, qui s'écoule facilement

Foncer v.i.	Se précipiter pour attaquer
Former v.t.	Eduquer
Frustrer v.t.	Priver quelqu'un d'un bien, d'un avantage dont il croyait pouvoir disposer ou qui était dû.
Guet-apens n.m.	Embuscade, machination perfide
Immonde adj.	D'une saleté qui provoque le dégout d'une immoralité répugnante
Importuner v.t.	Ennuyer
Inanité n.f.	Vanité, inutile
Incarner v.t.	Prendre un corps de chair en parlant d'un être spirituel
Induire v.t.	Conduire, occasionner
Infamie adj.	Atteinte à la réputation de quelqu'un qui avilit ou qui déshonore celui qui agit, parle
Injonction n.f	Ordre précis, formel d'obéir sur-le-champ
Insinuer v.t.	Faire entendre d'une manière détournée, sans dire expressément.
Insurrection n.f.	Révolte, soulèvement
Lacune n.f.	Défaillance, insuffisance
Locataire n.m.	Personne qui loue un lieu, une maison en vertu d'un contrat de louage
Manifeste adj.	Evident
Masochisme n.m.	Déviation sexuelle dans laquelle le sujet ne trouve le plaisir que dans la douleur physique et les humiliations qui lui sont infligées.
Mégalomanie n. f.	Délire de grandeur
Météo n.f.	Condition atmosphérique
Mortifier v.t.	Humilier
Miner v.t.	Ronger, consumer

Narcotique n.m.	Se dit d'une substance qui provoque un assoupissement, un relâchement musculaire et une diminution ou une abolition de la sensibilité.
Nomade adj.	Qui n'a pas de domicile fixe, qui se déplace fréquemment.
Nomenclature n.f.	Ensemble des termes techniques d'une discipline présents suivant un classement méthodique.
Objection n.f.	Argument opposé à une affirmation
Ordure n.f.	Parole ou action grossière, vile, sale
Paria n.m.	Personne méprisée de tous
Passif adj.	Qui n'agit pas de soi-même.
Porno adj.	Obscène
Potence n.f.	Instrument servant au supplice de la pendaison.
Potenciel n.m.	Ensemble des ressources de tous ordres que possède en puissance un pays, un groupe, une personne
Préprogrmmé adj.	Se dit d'une fonction qui est programmée dans un composant électronique lors de la fabrication de celui-ci.
Propulser v.t.	Faire avancer, projeter au loin
Raffiné adj.	Débarrassé de ses impuretés
Redondance n.f.	Verbiage
Sabotage n.m.	Action qui a pour but de détériorer ou de détruire intentionnellement du matériel, des installations.
Sacerdoce n.m.	Dignité et fonction de prêtre dans diverses religions
Sacrilège n.m.	Profanation de personnes, de lieux ou de choses sacrées
Sadisme n.m.	Plaisir à voir souffrir les autres
Submerger v.t.	Plonger

Surdimutité n.f.	Maladie du sourd-muet
Tacite adj.	Qui est sous-entendu
Taxer v.t.	Accuser
Traction n.f.	Remorquage
Tradition n.f.	Manière de penser ou d'agir transmise de génération en génération
Vulgaire adj.	Grossier, ordinaire, bas, commun

Table des matières

IL TE MANQUE UNE CHOSE 1

Leçon 1 - Nicodème, il te manque une chose 3

Leçon 2 - Homme riche, il te manque une chose 6

Leçon 3 - Capitaine Corneille, il te manque une chose 9

Leçon 4 - Saul de Tarse, il te manque une chose 12

Leçon 5 - Roi Osias, il te manque une chose 15

Leçon 6 - Anne, il te manque une chose 18

Leçon 7 - Naaman, il te manque une chose 21

Leçon 8 - Pharisien, il te manque une chose 24

Leçon 9 - Chrétien, il te manque une chose. 27

Leçon 10 - David ne manquait de rien. 31

Leçon 11 - Du Désert au Calvaire 34

Leçon 12 - Du Calvaire à la gloire 37

Récapitulation des versets 40

AIMEZ VOS ENNEMIS 43

Leçon 1 - Notre ennemi numéro un : le diable 44

Leçon 2 - Deuxième ennemi : nous-mêmes 47

Leçon 3 - Troisième ennemi : l'amour-propre 50

Leçon 4 - Quatrième ennemi : notre ignorance 53

Leçon 5 - Cinquième ennemi : Nos contradicteurs 56

Leçon 6 - Sixième ennemi : Nos traditions 59

Leçon 7 - Septième ennemi : Nos adversaires 62

Leçon 8 - Huitième ennemi : La peur 65

Leçon 9 - Neuvième ennemi : Notre tempérament 68

Leçon 10 - Notre dixième ennemi : La mégalomanie 71

Leçon 11 - Quel est le langage parlé chez vous ? 74

Leçon 12 - Le langage d'approche idéal 77

Récapitulation des versets 80

LES ESPRITS IMPURS 82

Leçon 1 - L'arrière-pensée, un esprit impur 84

Leçon 2 - L'esprit immonde 87

Leçon 3 - L'esprit vindicatif, un esprit impur 90

Leçon 4 - L'esprit négatif, un esprit impur 93

Leçon 5 - Le découragement, un esprit impur 99

Leçon 6 - La surdimutité, un esprit impur. 99

Leçon 7 - La discrimination, un esprit impur 102

Leçon 8 - L'esprit de démon, un esprit impur 105

Leçon 9 - La moquerie, un esprit impur 108

Leçon 10 - L'esprit de dissimulation, un esprit impur 111

Leçon 11 - La cruauté, un esprit impur 114

Leçon 12 - La possession de l'esprit impur et ses conséquences 117

Récapitulation des versets 120

PAR L'OPERATION DU SAINT ESPRIT 122

Leçon 1 - L'opération du St Esprit pour créer la vie sur la planète 124

Leçon 2 - L'Esprit d'invention pour toutes sortes d'ouvrages 127

Leçon 3 - La Shekinah 129

Leçon 4 - Le maquillage par le Saint-Esprit 132
Leçon 5 - Le transfert de l'Esprit de Dieu 135
Leçon 6 - L'Esprit de Dieu pour mater une insurrection 138
Leçon 7 - Le Saint-Esprit et le protocole de l'adoration 142
Leçon 8 - Le match spirituel 145
Leçon 9 - Le Saint Esprit dans l'établissement de l'Eglise 149
Leçon 10 - Ce que devrait être la fête d'Actions de grâces 152
Leçon 11 - La Bible, le livre des livres 155
Leçon 12 - Ce que nous apprenons des rois mages 158
Récapitulation des versets 161
Glossaire 163

Page Des Abonnés

Depuis l'année 1995, j'étais exposé aux influences de la Torche quand l'ouvrage était présenté sous forme de feuilleton. J"ai pu découvrir sa valeur inégalée jusqu'ici, dans le domaine de l'Education chrétienne. C'est un cadeau du ciel pour notre monde évangélique. Toute la gloire à notre Dieu.
New Vision Philadelphia Church of God
Pasteur Hénock Chéry

Pasteur Renaut, vos livres n'ont pas de prix. Que le Seigneur continue à vous utiliser pour le bonheur de nos Eglises et pour sa plus grande gloire.
Pasteur Joanès Martin

La Torche Brûlante nous sensibilise en vue de propager la Parole en toute occasion, malgré la dureté du terrain et l'immensité de la tâche.
Michel Eugène

La Torche Brûlante est un patrimoine évangélique pour les futures générations. Grace à sa profondeur théologique, biblique et évangélique, La Torche constitue un héritage incontesté pour nos pasteurs, pour les Eglises, et nos familles dans les différents aspects de la vie chrétienne.
Me. Eutrope Samson

La Torche Brûlante a totalement révolutionné l'enseignement dans nos Ecoles du Dimanche et dans nos vies personnelles. Béni soit l'Eternel !
Eglise Baptiste Bethléem, Riviera Beach, Floride
Pasteur Elisner Chevelon

Je tiens à exprimer ma profonde gratitude pour la collection incroyable de « La Torche Brûlante ». Elle m'a permis de découvrir une nouvelle perspective du monde évangélique et même dans ma propre vie.
Merci du plus profond de mon cœur.
Rev.Pasteur J. P. George Lahens
Gestionnaire/Professeur de carrière

Pasteur Renaut,
Je remercie Dieu pour « La Torche Brûlante » dont la profondeur accroit ma compréhension et mon amour pour la Parole de Dieu et je peux témoigner que ces écrits inspirés changent complètement le paradigme dans notre communauté évangélique.
Pasteur, que votre récompense soit grande dans les cieux et partout.
Haitian Christian Ministry, Arizona
Pasteur Abner Lamy

La Torche Brûlante est un outil excellent pour la croissance Chrétienne dans nos Eglises. Il s'impose par la qualité et la profondeur de ses enseignements émis dans un style clair et limpide, pour faciliter l'Ecole du Dimanche, la dévotion familiale, le mécanisme dans présentation des Etudes Bibliques et dans la préparation des sermons. Tous nos remerciements à ce serviteur et toute la gloire à notre Dieu
Eglise des Frères Haïtiens, Miami
Pasteur Ilexène Alphonse

Révérend Renaut Pierre-Louis

Esquisse biographique

Pasteur de l'Eglise Baptiste à Saint Raphael. 1969
Diplômé du Séminaire Théologique Baptiste d'Haïti, 1970
Diplômé de l'Ecole de Commerce Julien Craan, 1972
Professeur de langues vivantes au Collège Pratique
du Nord au Cap-Haitien 1972
Pasteur de la Première Eglise Baptiste au Cap-Haitien, 1972
Pasteur de l'Eglise Redford, Cité Sainte Philomène, 1976
Diplômé de l'Ecole de Droit du Cap-Haitien, 1979
Fondateur du Collège Redford et de l'Ecole
Professionnelle ESVOTEC 1980

Pasteur militant depuis 54 ans, avocat, poète, écrivain, dramaturge, ce serviteur du Seigneur vous revient aujourd'hui avec « **La Torche Brûlante** », un ouvrage didactique, de haute portée théologique qui a déjà révolutionné le système d'enseignement dans nos Ecoles du Dimanche et dans la présentation du message de l'Evangile.

Encore une fois, pasteurs de recherche, prédicateurs de réveil, moniteurs de carrière, chrétiens éveillés, prenez « La Torche » et passez-la. 2 Tim.2 : 2

Pour toutes informations et pour vos commandes, adressez-vous à

Peniel Haitian Baptist Church
P.O. Box 100323
Fort Lauderdale, FL 33310
Phone : 954- 525-2413
Cell : 954- 242-8271

Website : www.theburningtorch.net
e-mail : renaut@theburningtorch.net
e-mail : renaut_cyrille@hotmail.com

Copyright © 2024 by Renaut Pierre-Louis

Tous droits réservés @ Rév. Renaut Pierre-Louis

Attention : Il est illégal de reproduire ce livre, en tout ou en partie, sous quelque forme ou par quelque procédé que ce soit, électronique, mécanique, photographique, sonore, magnétique ou autre, sans avoir obtenu au préalable, l'autorisation écrite de l'auteur.

www.ingramcontent.com/pod-product-compliance
Lightning Source LLC
Chambersburg PA
CBHW070101080526
44586CB00013B/1151